PRÉFACE

La collection de guides de conversation "Tout ira bien!", publié par T&P Books, est conçue pour les gens qui voyagent par affaire ou par plaisir. Les guides de conversations contiennent le plus important - l'essentiel pour la communication de base. Il s'agit d'une série indispensable de phrases pour survivre à l'étranger.

Ce guide de conversation vous aidera dans la plupart des cas où vous devez demander quelque chose, trouver une direction, découvrir le prix d'un souvenir, etc. Il peut aussi résoudre des situations de communication difficile lorsque la gesticulation n'aide pas.

Le livre contient beaucoup de phrases qui ont été groupées par thèmes. Vous trouverez aussi un vocabulaire des 3000 mots les plus couramment utilisés. Une autre section du guide contient un glossaire gastronomique qui peut être utile lorsque vous faites le marché ou commandez des plats au restaurant.

Emmenez avec vous un guide de conversation "Tout ira bien!" sur la route et vous aurez un compagnon de voyage irremplaçable qui vous aidera à vous sortir de toutes les situations et vous enseignera à ne pas avoir peur de parler aux étrangers.

TABLE DES MATIÈRES

T&P Books Publishing

PRONONCIATION

Alphabet phonétique T&P	Exemple en grec	Exemple en français
[a]	**αγαπάω** [aɣapáo]	classe
[e]	**έπαινος** [épenos]	équipe
[i]	**φυσικός** [fisikós]	stylo
[o]	**οθόνη** [oθóni]	normal
[u]	**βουτάω** [vutáo]	boulevard
[b]	**καμπάνα** [kabána]	bureau
[d]	**ντετέκτιβ** [detéktiv]	document
[f]	**ράμφος** [rámfos]	formule
[g]	**γκολφ** [golʲf]	gris
[ɣ]	**γραβάτα** [ɣraváta]	g espagnol - amigo, magnífico
[j]	**μπάιτ** [bájt]	maillot
[j̥]	**Αίγυπτος** [éj̥iptos]	maillot
[k]	**ακόντιο** [akóndio]	bocal
[lʲ]	**αλάτι** [alʲáti]	souliers
[m]	**μάγος** [máɣos]	minéral
[n]	**ασανσέρ** [asansér]	ananas
[p]	**βλέπω** [vlépo]	panama
[r]	**ρόμβος** [rómvos]	racine, rouge
[s]	**σαλάτα** [salʲáta]	syndicat
[ð]	**πόδι** [póði]	consonne fricative dentale voisée
[θ]	**λάθος** [lʲáθos]	consonne fricative dentale sourde
[t]	**κινητό** [kinitó]	tennis
[ʧ]	**check-in** [ʧek-in]	match
[v]	**βραχιόλι** [vraxióli]	rivière
[x]	**νύχτα** [níxta]	scots - nicht, allemand - Dach
[w]	**ουίσκι** [wíski]	iguane
[z]	**κουζίνα** [kuzína]	gazeuse
[']	**έξι** [éksi]	accent primaire

LISTE DES ABRÉVIATIONS

Abréviations en français

adj	-	adjective
adv	-	adverbe
anim.	-	animé
conj	-	conjonction
dénombr.	-	dénombrable
etc.	-	et cetera
f	-	nom féminin
f pl	-	féminin pluriel
fam.	-	familiar
fem.	-	féminin
form.	-	formal
inanim.	-	inanimé
indénombr.	-	indénombrable
m	-	nom masculin
m pl	-	masculin pluriel
m, f	-	masculin, féminin
masc.	-	masculin
math	-	mathematics
mil.	-	militaire
pl	-	pluriel
prep	-	préposition
pron	-	pronom
qch	-	quelque chose
qn	-	quelqu'un
sing.	-	singulier
v aux	-	verbe auxiliaire
v imp	-	verbe impersonnel
vi	-	verbe intransitif
vi, vt	-	verbe intransitif, transitif
vp	-	verbe pronominal
vt	-	verbe transitif

Abréviations en grec

αρ.	-	nom masculin
αρ.πλ.	-	masculin pluriel

αρ./θηλ.	-	masculin, féminin
θηλ.	-	nom féminin
θηλ.πλ.	-	féminin pluriel
ουδ.	-	neutre
ουδ.πλ.	-	neutre pluriel
πλ.	-	pluriel

Collection de guides de conversation
"Tout ira bien!"

T&P Books Publishing

GUIDE DE CONVERSATION

GREC

Par Andrey Taranov

LES PHRASES LES PLUS UTILES

Ce guide de conversation contient les phrases et les questions les plus communes et nécessaires pour communiquer avec des étrangers

T&P BOOKS

Guide de conversation + dictionnaire de 3000 mots

Guide de conversation Français-Grec et vocabulaire thématique de 3000 mots

Par Andrey Taranov

La collection de guides de conversation "Tout ira bien!", publiée par T&P Books, est conçue pour les gens qui voyagent par affaire ou par plaisir. Les guides contiennent l'essentiel pour la communication de base. Il s'agit d'une série indispensable de phrases pour "survivre" à l'étranger.

Ce livre inclut un dictionnaire thématique qui contient près de 3000 des mots les plus fréquemment utilisés. Une autre section du guide contient un glossaire gastronomique qui peut être utile lorsque vous faites le marché ou commandez des plats au restaurant.

T&P Books Publishing
www.tpbooks.com

ISBN: 978-1-78492-558-1

Ce livre existe également en format électronique.
Pour plus d'informations, veuillez consulter notre site: www.tpbooks.com
ou rendez-vous sur ceux des grandes librairies en ligne.

T&P BOOKS

GUIDE DE
CONVERSATION
GREC

Cette section contient
des phrases importantes
qui peuvent être utiles dans
des situations courantes.
Le guide vous aidera
à demander des directions,
clarifier le prix, acheter
des billets et commander
des plats au restaurant

T&P Books Publishing

CONTENU DU GUIDE DE CONVERSATION

T&P Books Publishing

Les essentiels

Excusez-moi, ...	**Συγνώμη, ...** [siɣnómi, ...]
Bonjour	**Γεια σας.** [ʝa sas]
Merci	**Ευχαριστώ.** [efxaristó]
Au revoir	**Αντίο.** [adío]
Oui	**Ναι.** [ne]
Non	**Όχι.** [óxi]
Je ne sais pas.	**Δεν ξέρω.** [ðen kséro]
Où? (~ es-tu?) | Où? (~ vas-tu?) | Quand?	**Πού; | Προς τα πού; | Πότε;** [pú? | pros ta pú? | póte?]
J'ai besoin de ...	**Χρειάζομαι ...** [xriázome ...]
Je veux ...	**Θέλω ...** [θélʲo ...]
Avez-vous ... ?	**Έχετε ...;** [éxete ...?]
Est-ce qu'il y a ... ici?	**Μήπως υπάρχει ... εδώ;** [mípos ipárxi ... eðó?]
Puis-je ... ?	**Θα μπορούσα να ...;** [θa borúsa na ...?]
s'il vous plaît (pour une demande)	**..., παρακαλώ** [..., parakalʲó]
Je cherche ...	**Ψάχνω για ...** [psáxno ʝa ...]
les toilettes	**τουαλέτα** [tualéta]
un distributeur	**ATM** [eitiém]
une pharmacie	**φαρμακείο** [farmakío]
l'hôpital	**νοσοκομείο** [nosokomío]
le commissariat de police	**αστυνομικό τμήμα** [astinomikó tmíma]
une station de métro	**μετρό** [metró]

un taxi	**ταξί** [taksí]
la gare	**σιδηροδρομικό σταθμό** [siðiroðromikó staθmó]

Je m'appelle ...	**Ονομάζομαι ...** [onomázome ...]
Comment vous appelez-vous?	**Πώς ονομάζεστε;** [pós onomázeste?]
Aidez-moi, s'il vous plaît.	**Μπορείτε παρακαλώ να με βοηθήσετε;** [boríte parakalʲó na me voiθísete?]
J'ai un problème.	**Έχω ένα πρόβλημα.** [éxo éna próvlima]
Je ne me sens pas bien.	**Δεν αισθάνομαι καλά.** [ðen esθánome kalʲá]
Appelez une ambulance!	**Καλέστε ένα ασθενοφόρο!** [kaléste éna asθenofóro!]
Puis-je faire un appel?	**Θα μπορούσα να κάνω ένα τηλέφωνο;** [θa borúsa na káno éna tiléfono?]

Excusez-moi.	**Συγνώμη.** [siɣnómi]
Je vous en prie.	**Παρακαλώ!** [parakalʲó!]

---

je, moi	**Εγώ, εμένα** [eɣó, eména]
tu, toi	**εσύ** [esí]
il	**αυτός** [aftós]
elle	**αυτή** [aftí]
ils	**αυτοί** [aftí]
elles	**αυτές** [aftés]
nous	**εμείς** [emís]
vous	**εσείς** [esís]
Vous	**εσείς** [esís]

ENTRÉE	**ΕΙΣΟΔΟΣ** [ísoðos]
SORTIE	**ΕΞΟΔΟΣ** [éksoðos]

HORS SERVICE | EN PANNE	**ΕΚΤΟΣ ΛΕΙΤΟΥΡΓΙΑΣ** [éktos liturʝías]
FERMÉ	**ΚΛΕΙΣΤΟ** [klísto]
OUVERT	**ΑΝΟΙΚΤΟ** [aníkto]
POUR LES FEMMES	**ΓΥΝΑΙΚΩΝ** [ʝinekón]
POUR LES HOMMES	**ΑΝΔΡΩΝ** [ánðron]

Questions

Où? (lieu)	**Πού;** [pú?]
Où? (direction)	**Προς τα πού;** [pros ta pú?]
D'où?	**Από πού;** [apó pú?]
Pourquoi?	**Γιατί;** [ʝatí?]
Pour quelle raison?	**Για ποιο λόγο;** [ʝa pio lʲóɣo?]
Quand?	**Πότε;** [póte?]
Combien de temps?	**Πόσο χρόνο χρειάζεται;** [póso xróno xriázete?]
À quelle heure?	**Τι ώρα;** [ti óra?]
C'est combien?	**Πόσο κάνει;** [póso káni?]
Avez-vous … ?	**Μήπως έχετε …;** [mípos éxete …?]
Où est …, s'il vous plaît?	**Πού είναι …;** [pú íne …?]
Quelle heure est-il?	**Τι ώρα είναι;** [ti óra íne?]
Puis-je faire un appel?	**Θα μπορούσα να κάνω ένα τηλέφωνο;** [θa borúsa na káno éna tiléfono?]
Qui est là?	**Ποιος είναι;** [pios íne?]
Puis-je fumer ici?	**Μπορώ να καπνίσω εδώ;** [boró na kapníso eðó?]
Puis-je …?	**Θα μπορούσα να …;** [θa borúsa na …?]

Besoins

Je voudrais ...	**Θα ήθελα ...** [θa íθelʲa ...]
Je ne veux pas ...	**Δεν θέλω ...** [ðen θélʲo ...]
J'ai soif.	**Διψάω.** [ðipsáo]
Je veux dormir.	**Θέλω να κοιμηθώ.** [θélʲo na kemiθó]
Je veux ...	**Θέλω ...** [θélʲo ...]
me laver	**να πλυθώ** [na pliθó]
brosser mes dents	**να πλύνω τα δόντια μου** [na plíno ta ðóndia mu]
me reposer un instant	**να ξεκουραστώ λίγο** [na ksekurastó líɣo]
changer de vêtements	**να αλλάξω ρούχα** [na alʲákso rúxa]
retourner à l'hôtel	**να επιστρέψω στο ξενοδοχείο** [na epistrépso sto ksenoðoxío]
acheter ...	**να αγοράσω ...** [na aɣoráso ...]
aller à ...	**να πάω στο ...** [na páo sto ...]
visiter ...	**να επισκεφτώ ...** [na episkeftó ...]
rencontrer ...	**να συναντηθώ με ...** [na sinandiθó me ...]
faire un appel	**να τηλεφωνήσω** [na tilefoníso]
Je suis fatigué /fatiguée/	**Είμαι κουρασμένος /κουρασμένη/.** [íme kurazménos /kurazméni/]
Nous sommes fatigués /fatiguées/	**Είμαστε κουρασμένοι.** [ímaste kurazméni]
J'ai froid.	**Κρυώνω.** [krióno]
J'ai chaud.	**Ζεσταίνομαι.** [zesténome]
Je suis bien.	**Είμαι καλά.** [íme kalʲá]

Il me faut faire un appel.	**Πρέπει να κάνω ένα τηλέφωνο.** [prépi na káno éna tiléfono]
J'ai besoin d'aller aux toilettes.	**Πρέπει να πάω στην τουαλέτα.** [prépi na páo sten tualéta]
Il faut que j'aille.	**Πρέπει να φύγω.** [prépi na fíɣo]
Je dois partir maintenant.	**Πρέπει να φύγω τώρα.** [prépi na fíɣo tóra]

Comment demander la direction

Excusez-moi, ...	**Συγνώμη, ...** [siɣnómi, ...]
Où est ..., s'il vous plaît?	**Πού είναι ...;** [pú íne ...?]
Dans quelle direction est ... ?	**Από ποιο δρόμο είναι ...;** [apó pio ðrómo íne ...?]
Pouvez-vous m'aider, s'il vous plaît ?	**Θα μπορούσατε να με βοηθήσετε παρακαλώ;** [θa borúsate na me voiθísete parakalʲó?]
Je cherche ...	**Ψάχνω για ...** [psáxno ja ...]
La sortie, s'il vous plaît?	**Ψάχνω για την έξοδο.** [psáxno ja tin éksoðo]
Je vais à ...	**Πηγαίνω στ ...** [pijéno st ...]
C'est la bonne direction pour ...?	**Πηγαίνω σωστά από εδώ για ...;** [pijéno sostá apó eðó ja ...?]
C'est loin?	**Είναι μακριά από εδώ;** [íne makriá apó eðó?]
Est-ce que je peux y aller à pied?	**Μπορώ να πάω εκεί με τα πόδια;** [boró na páo ekí me ta póðia?]
Pouvez-vous me le montrer sur la carte?	**Μπορείτε να μου δείξετε στο χάρτη;** [boríte na mu ðíksete sto xárti?]
Montrez-moi où sommes-nous, s'il vous plaît.	**Δείξετε μου που βρισκόμαστε αυτή τη στιγμή.** [ðíksete mu pu vriskómaste aftí ti stiɣmí]
Ici	**Εδώ** [eðó]
Là-bas	**Εκεί** [ekí]
Par ici	**Από εδώ** [apó eðó]
Tournez à droite.	**Στρίψτε δεξιά.** [strípste ðeksiá]
Tournez à gauche.	**Στρίψτε αριστερά.** [strípste aristerá]
Prenez la première (deuxième, troisième) rue.	**πρώτος (δεύτερος, τρίτος) δρόμος** [prótos (ðéfteros, trítos) ðrómos]

à droite	**δεξιά** [ðeksiá]
à gauche	**αριστερά** [aristerá]
Continuez tout droit.	**Πηγαίνετε όλο ευθεία.** [pijénete ólʲo efθía]

Affiches, Pancartes

BIENVENUE!	**ΚΑΛΩΣ ΗΡΘΑΤΕ!** [kalʲós íрθate!]
ENTRÉE	**ΕΙΣΟΔΟΣ** [ísoðos]
SORTIE	**ΕΞΟΔΟΣ** [éksoðos]
POUSSEZ	**ΩΘΗΣΑΤΕ** [oθísate]
TIREZ	**ΕΛΞΑΤΕ** [élʲksate]
OUVERT	**ΑΝΟΙΚΤΟ** [aníkto]
FERMÉ	**ΚΛΕΙΣΤΟ** [klísto]
POUR LES FEMMES	**ΓΥΝΑΙΚΩΝ** [ʝinekón]
POUR LES HOMMES	**ΑΝΔΡΩΝ** [ánðron]
MESSIEURS	**ΚΥΡΙΟΙ** [kíri]
FEMMES	**ΚΥΡΙΕΣ** [kíries]
RABAIS | SOLDES	**ΕΚΠΤΩΣΕΙΣ** [ekptósis]
PROMOTION	**ΞΕΠΟΥΛΗΜΑ** [ksepúlima]
GRATUIT	**ΔΩΡΕΑΝ** [ðoreán]
NOUVEAU!	**ΝΕΟ!** [néo!]
ATTENTION!	**ΠΡΟΣΟΧΗ!** [prosoxí!]
COMPLET	**ΔΕΝ ΥΠΑΡΧΟΥΝ ΚΕΝΑ ΔΩΜΑΤΙΑ** [ðen ipárxun kená ðomátia]
RÉSERVÉ	**ΡΕΖΕΡΒΕ** [rezervé]
ADMINISTRATION	**ΔΙΕΥΘΥΝΤΗΣ** [ðiéfθindis]
PERSONNEL SEULEMENT	**ΜΟΝΟ ΓΙΑ ΤΟ ΠΡΟΣΩΠΙΚΟ** [móno ʝa to prosópiko]

ATTENTION AU CHIEN!	**ΠΡΟΣΟΧΗ ΣΚΥΛΟΣ** [prosoxí skílos]
NE PAS FUMER!	**ΑΠΑΓΟΡΕΥΕΤΑΙ ΤΟ ΚΑΠΝΙΣΜΑ** [apaɣorévete to kápnizma]
NE PAS TOUCHER!	**ΜΗΝ ΑΓΓΙΖΕΤΕ!** [min angízete!]
DANGEREUX	**ΕΠΙΚΙΝΔΥΝΟ** [epikínðino]
DANGER	**ΚΙΝΔΥΝΟΣ** [kínðinos]
HAUTE TENSION	**ΥΨΗΛΗ ΤΑΣΗ** [ípseli tási]
BAIGNADE INTERDITE!	**ΑΠΑΓΟΡΕΥΕΤΑΙ ΤΟ ΚΟΛΥΜΠΙ** [apaɣorévete to kolíbi]
HORS SERVICE | EN PANNE	**ΕΚΤΟΣ ΛΕΙΤΟΥΡΓΙΑΣ** [éktos liturʝías]
INFLAMMABLE	**ΕΥΦΛΕΚΤΟ** [éflekto]
INTERDIT	**ΑΠΑΓΟΡΕΥΕΤΑΙ** [apaɣorévete]
ENTRÉE INTERDITE!	**ΑΠΑΓΟΡΕΥΕΤΑΙ Η ΕΙΣΟΔΟΣ** [apaɣorévete i ísoðos]
PEINTURE FRAÎCHE	**ΦΡΕΣΚΟΒΑΜΜΕΝΟ** [frésko vaméno]
FERMÉ POUR TRAVAUX	**ΚΛΕΙΣΤΟ ΛΟΓΩ ΕΡΓΑΣΙΩΝ** [klísto lʲóɣo erɣásion]
TRAVAUX EN COURS	**ΕΡΓΑ ΕΝ ΟΨΕΙ** [érɣa en ópsi]
DÉVIATION	**ΠΑΡΑΚΑΜΨΗ** [parákampsi]

Transport - Phrases générales

avion	**αεροπλάνο** [aeropl^ljáno]
train	**τρένο** [tréno]
bus, autobus	**λεωφορείο** [leoforío]
ferry	**φέρι μποτ** [féri bot]
taxi	**ταξί** [taksí]
voiture	**αυτοκίνητο** [aftokínito]
horaire	**δρομολόγιο** [ðromol^ljójo]
Où puis-je voir l'horaire?	**Πού μπορώ να δω το δρομολόγιο;** [pú boró na ðo to ðromol^ljójo?]
jours ouvrables	**εργάσιμες ημέρες** [erɣásimes iméres]
jours non ouvrables	**Σαββατοκύριακα** [savatokíriaka]
jours fériés	**διακοπές** [ðiakopés]
DÉPART	**ΑΝΑΧΩΡΗΣΗ** [anaxórisi]
ARRIVÉE	**ΑΦΙΞΗ** [áfiksi]
RETARDÉE	**ΚΑΘΥΣΤΕΡΗΣΗ** [kaθistérisi]
ANNULÉE	**ΑΚΥΡΩΣΗ** [akírosi]
prochain	**επόμενο** [epómeno]
premier	**πρώτο** [próto]
dernier	**τελευταίο** [teleftéo]
À quelle heure est le prochain ...?	**Πότε είναι το επόμενο ...;** [póte íne to epómeno ...?]
À quelle heure est le premier ...?	**Πότε είναι το πρώτο ...;** [póte íne to próto ...?]

À quelle heure est le dernier ...?	**Πότε είναι το τελευταίο ...;** [póte íne to teleftéo ...?]
correspondance	**ανταπόκριση** [andapókrisi]
prendre la correspondance	**αλλάζω** [alʲázo]
Dois-je prendre la correspondance?	**χρειάζεται να αλλάζω;** [xriázete na alʲázo?]

Acheter un billet

Où puis-je acheter des billets?	**Πού μπορώ να αγοράσω εισιτήριο;** [pú boró na aɣoráso isitírio?]
billet	**εισιτήριο** [isitírio]
acheter un billet	**αγοράζω εισιτήριο** [aɣorázo isitírio]
le prix d'un billet	**τιμή εισιτηρίου** [timí isitiríu]

Pour aller où?	**Για πού;** [ja pú?]
Quelle destination?	**Σε ποια στάση;** [se pia stási?]
Je voudrais ...	**Χρειάζομαι ...** [xriázome ...]
un billet	**ένα εισιτήριο** [éna isitírio]
deux billets	**δύο εισιτήρια** [ðío isitíria]
trois billets	**τρία εισιτήρια** [tría isitíria]

aller simple	**απλή μετάβαση** [aplí metávasi]
aller-retour	**μετ' επιστροφής** [met epistrofís]
première classe	**πρώτη θέση** [próti θési]
classe économique	**δεύτερη θέση** [ðéfteri θési]

aujourd'hui	**σήμερα** [símera]
demain	**αύριο** [ávrio]
après-demain	**μεθαύριο** [meθávrio]
dans la matinée	**το πρωί** [to proí]
l'après-midi	**το απόγευμα** [to apójevma]
dans la soirée	**το βράδυ** [to vráði]

siège côté couloir	**θέση δίπλα στον διάδρομο** [θési ðípl^ja ston ðiáðromo]
siège côté fenêtre	**θέση δίπλα στο παράθυρο** [θési ðípl^ja sto paráθiro]
C'est combien?	**Πόσο κάνει;** [póso káni?]
Puis-je payer avec la carte?	**Μπορώ να πληρώσω με πιστωτική κάρτα;** [boró na pliróso me pistotikí kárta?]

L'autobus

bus, autobus	**λεωφορείο** [leoforío]
autocar	**υπεραστικό λεωφορείο** [iperastikó leoforío]
arrêt d'autobus	**στάση λεωφορείου** [stási leoforíu]
Où est l'arrêt d'autobus le plus proche?	**Πού είναι η πιο κοντινή στάση λεωφορείου;** [pú íne i pio kondiní stási leoforíu?]
numéro	**αριθμός** [ariθmós]
Quel bus dois-je prendre pour aller à ...?	**Ποιο λεωφορείο πρέπει να πάρω για να πάω ...;** [pio leoforío prépi na páro ʝa na páo ...?]
Est-ce que ce bus va à ...?	**Πάει αυτό το λεωφορείο στ ...;** [pái aftó to leoforío st ...?]
L'autobus passe tous les combien?	**Κάθε πότε έχει λεωφορείο;** [káθe póte éxi leoforío?]
chaque quart d'heure	**κάθε 15 λεπτά** [káθe ðekapénde leptá]
chaque demi-heure	**κάθε μισή ώρα** [káθe misí óra]
chaque heure	**κάθε μία ώρα** [káθe mía óra]
plusieurs fois par jour	**αρκετές φορές την μέρα** [arketés forés tin méra]
... fois par jour	**... φορές την μέρα** [... forés tin méra]
horaire	**δρομολόγιο** [ðromolʲóʝo]
Où puis-je voir l'horaire?	**Πού μπορώ να δω το δρομολόγιο;** [pú boró na ðo to ðromolʲóʝo?]
À quelle heure passe le prochain bus?	**Πότε είναι το επόμενο λεωφορείο;** [póte íne to epómeno leoforío?]
À quelle heure passe le premier bus?	**Πότε είναι το πρώτο λεωφορείο;** [póte íne to próto leoforío?]
À quelle heure passe le dernier bus?	**Πότε είναι το τελευταίο λεωφορείο;** [póte íne to teleftéo leoforío?]

arrêt	**στάση** [stási]
prochain arrêt	**η επόμενη στάση** [i epómeni stási]
terminus	**η τελευταία στάση** [i teleftéa stási]
Pouvez-vous arrêter ici, s'il vous plaît.	**Σταματήστε εδώ, παρακαλώ.** [stamatíste eðó, parakalʲó]
Excusez-moi, c'est mon arrêt.	**Συγνώμη, εδώ κατεβαίνω.** [siɣnómi, eðó katevéno]

Train

train	**τρένο** [tréno]
train de banlieue	**ηλεκτροκίνητο τρένο** [ilektrokínito tréno]
train de grande ligne	**τρένο για διαδρομές μεγάλων αποστάσεων** [tréno ja ðiaðromés meɣál'on apostáseon]
la gare	**σταθμός τρένου** [staθmós trénu]
Excusez-moi, où est la sortie vers les quais?	**Συγνώμη, που είναι η έξοδος για την πλατφόρμα επιβίβασης;** [siɣnómi, pu íne i éksoðos ja tin pl'atfórma epivívasis?]
Est-ce que ce train va à ...?	**Πηγαίνει αυτό το τρένο στ ...;** [pijéni aftó to tréno st ...?]
le prochain train	**επόμενο τρένο** [epómeno tréno]
À quelle heure est le prochain train?	**Πότε είναι το επόμενο τρένο;** [póte íne to epómeno tréno?]
Où puis-je voir l'horaire?	**Πού μπορώ να δω το δρομολόγιο;** [pú boró na ðo to ðromol'ójo?]
De quel quai?	**Από ποια πλατφόρμα;** [apó pia pl'atfórma?]
À quelle heure arrive le train à ...?	**Πότε φθάνει το τραίνο στο ...;** [póte fθáni to tréno sto ...?]
Pouvez-vous m'aider, s'il vous plaît?	**Παρακαλώ βοηθήστε με.** [parakal'ó voiθíste me]
Je cherche ma place.	**Ψάχνω τη θέση μου.** [psáxno ti θési mu]
Nous cherchons nos places.	**Ψάχνουμε τις θέσεις μας.** [psáxnume tis θésis mas]
Ma place est occupée.	**Η θέση μου είναι πιασμένη.** [i θési mu íne piazméni]
Nos places sont occupées.	**Οι θέσεις μας είναι πιασμένες.** [i θésis mas íne piazménes]
Excusez-moi, mais c'est ma place.	**Συγνώμη αλλά αυτή είναι η θέση μου.** [siɣnómi al'á aftí íne i θési mu]

Est-ce que cette place est libre?	**Είναι αυτή η θέση πιασμένη;** [íne afté i θési piazméni?]
Puis-je m'asseoir ici?	**Θα μπορούσα να κάτσω εδώ;** [θa borúsa na kátso eðó?]

Sur le train - Dialogue (Pas de billet)

Votre billet, s'il vous plaît.	**Το εισιτήριό σας, παρακαλώ.** [to isitírió sas, parakalʲó]
Je n'ai pas de billet.	**Δεν έχω εισιτήριο.** [ðen éxo isitírio]
J'ai perdu mon billet.	**Έχασα το εισιτήριο μου.** [éxasa to isitírio mu]
J'ai oublié mon billet à la maison.	**Ξέχασα το εισιτήριό μου στο σπίτι.** [kséxasa to isitírió mu sto spíti]
Vous pouvez m'acheter un billet.	**Μπορώ εγώ να σας εκδώσω εισιτήριο.** [boró eɣó na sas ekðóso isitírio]
Vous devrez aussi payer une amende.	**Πρέπει να πληρώσετε και πρόστιμο.** [prépi na plirósete ke próstimo]
D'accord.	**Εντάξει.** [endáksi]
Où allez-vous?	**Πού πάτε;** [pú páte?]
Je vais à ...	**Πηγαίνω στ ...** [piʝéno st ...]
Combien? Je ne comprend pas.	**Πόσο κάνει; Δεν καταλαβαίνω.** [póso káni? ðen katalʲavéno]
Pouvez-vous l'écrire, s'il vous plaît.	**Γράψτε το παρακαλώ.** [ɣrápste to parakalʲó]
D'accord. Puis-je payer avec la carte?	**Εντάξει. Μπορώ να πληρώσω με πιστωτική κάρτα;** [endáksi. boró na pliróso me pistotikí kárta?]
Oui, bien sûr.	**Ναι μπορείτε.** [ne boríte]
Voici votre reçu.	**Ορίστε η απόδειξή σας.** [oríste i apóðiksí sas]
Désolé pour l'amende.	**Συγνώμη για το πρόστιμο.** [siɣnómi ʝa to próstimo]
Ça va. C'est de ma faute.	**Είναι εντάξει. Ήταν δικό μου λάθος.** [íne endáksi. ítan ðikó mu lʲáθos]
Bon voyage.	**Καλό ταξίδι.** [kalʲó taksíði]

Taxi

taxi	**ταξί** [taksí]
chauffeur de taxi	**οδηγός ταξί** [oðiɣós taksí]
prendre un taxi	**να πάρω ένα ταξί** [na páro éna taksí]
arrêt de taxi	**πιάτσα ταξί** [piátsa taksí]
Où puis-je trouver un taxi?	**Πού μπορώ να βρω ένα ταξί;** [pú boró na vro éna taksí?]
appeler un taxi	**καλώ ένα ταξί** [kalʲó éna taksí]
Il me faut un taxi.	**χρειάζομαι ένα ταξί.** [xriázome éna taksí]
maintenant	**Τώρα.** [tóra]
Quelle est votre adresse?	**Ποια είναι η διεύθυνσή σας;** [pia íne i ðiéfθinsí sas?]
Mon adresse est ...	**Η διεύθυνσή μου είναι ...** [i ðiéfθinsi mu íne ...]
Votre destination?	**Πού πηγαίνετε;** [pú piʝénete?]
Excusez-moi, ...	**Συγνώμη, ...** [siɣnómi, ...]
Vous êtes libre ?	**Είστε ελεύθερος;** [íste eléfθeros?]
Combien ça coûte pour aller à ...?	**Πόσο κοστίζει να πάω μέχρι ...;** [póso kostízi na páo méxri ...?]
Vous savez où ça se trouve?	**Ξέρετε που είναι;** [ksérete pu íne?]
À l'aéroport, s'il vous plaît.	**Στο αεροδρόμιο, παρακαλώ.** [sto aeroðrómio, parakalʲó]
Arrêtez ici, s'il vous plaît.	**Σταματήστε εδώ, παρακαλώ.** [stamatíste eðó, parakalʲó]
Ce n'est pas ici.	**Δεν είναι εδώ.** [ðen íne eðó]
C'est la mauvaise adresse.	**Αυτή είναι λάθος διεύθυνση.** [aftí íne lʲáθos ðiéfθinsi]
tournez à gauche	**Στρίψτε αριστερά.** [strípste aristerá]
tournez à droite	**Στρίψτε δεξιά.** [strípste ðeksiá]

Combien je vous dois?	**Τι σας οφείλω;** [ti sas ofílʲo?]
J'aimerais avoir un reçu, s'il vous plaît.	**Θα ήθελα παρακαλώ μία απόδειξη.** [θa íθelʲa parakalʲó mía apóðiksi]
Gardez la monnaie.	**Κρατήστε τα ρέστα.** [kratíste ta résta]

Attendez-moi, s'il vous plaît ...	**Μπορείτε παρακαλώ να με περιμένετε;** [boríte parakalʲó na me periménete?]
cinq minutes	**πέντε λεπτά** [pénde leptá]
dix minutes	**δέκα λεπτά** [ðéka leptá]
quinze minutes	**δεκαπέντε λεπτά** [ðekapénde leptá]
vingt minutes	**είκοσι λεπτά** [íkosi leptá]
une demi-heure	**μισή ώρα** [misí óra]

Hôtel

Bonjour.	**Γεια σας.** [ja sas]
Je m'appelle ...	**Ονομάζομαι ...** [onomázome ...]
J'ai réservé une chambre.	**Έχω κάνει μια κράτηση.** [éxo káni mia krátisi]
Je voudrais ...	**Χρειάζομαι ...** [xriázome ...]
une chambre simple	**ένα μονόκλινο δωμάτιο** [éna monóklino ðomátio]
une chambre double	**ένα δίκλινο δωμάτιο** [éna ðíklino ðomátio]
C'est combien?	**Πόσο κοστίζει;** [póso kostízi?]
C'est un peu cher.	**Είναι λίγο ακριβό.** [íne líɣo akrivó]
Avez-vous autre chose?	**Έχετε κάτι άλλο διαθέσιμο;** [éxete káti ál'o ðiaθésimo?]
Je vais la prendre.	**Θα το κλείσω.** [θa to klíso]
Je vais payer comptant.	**Θα πληρώσω μετρητά.** [θa pliróso metritá]
J'ai un problème.	**Έχω ένα πρόβλημα.** [éxo éna próvlima]
Mon ... est cassé.	**Το ... μου είναι σπασμένο.** [to ... mu íne spazméno]
Mon ... ne fonctionne pas.	**Το ... μου δεν λειτουργεί.** [to ... mu ðen liturjí]
télé	**τηλεόραση** [tileórasi]
air conditionné	**κλιματισμός** [klimatizmós]
robinet	**βρύση** [vrísi]
douche	**ντους** [dus]
évier	**νιπτήρας** [niptíras]
coffre-fort	**χρηματοκιβώτιο** [xrimatokivótio]

serrure de porte	**κλειδαριά** [kliðariá]
prise électrique	**πρίζα** [príza]
sèche-cheveux	**σεσουάρ μαλλιών** [sesuár malión]

Je n'ai pas ...	**Δεν έχω καθόλου ...** [ðen éxo kaθólʲu ...]
d'eau	**νερό** [neró]
de lumière	**φως** [fos]
d'électricité	**ηλεκτρικό ρεύμα** [ilektrikó révma]

Pouvez-vous me donner ...?	**Μπορείτε να μου δώσετε ...;** [boríte na mu ðósete ...?]
une serviette	**μια πετσέτα** [mia petséta]
une couverture	**μια κουβέρτα** [mia kuvérta]
des pantoufles	**παντόφλες** [pandófles]
une robe de chambre	**μία ρόμπα** [mía róba]
du shampoing	**σαμπουάν** [sambuán]
du savon	**σαπούνι** [sapúni]

Je voudrais changer ma chambre.	**Θα ήθελα να αλλάξω δωμάτιο.** [θa íθelʲa na alʲákso ðomátio]
Je ne trouve pas ma clé.	**Δεν βρίσκω το κλειδί μου.** [ðen vrísko to kliðí mu]
Pourriez-vous ouvrir ma chambre, s'il vous plaît?	**Θα μπορούσατε παρακαλώ να ανοίξετε το δωμάτιό μου;** [θa borúsate parakalʲó na aníksete to ðomátió mu?]
Qui est là?	**Ποιος είναι;** [pios íne?]
Entrez!	**Περάστε!** [peráste!]
Une minute!	**Μια στιγμή!** [mia stiɣmí!]

Pas maintenant, s'il vous plaît.	**Όχι τώρα, παρακαλώ.** [óxi tóra, parakalʲó]
Pouvez-vous venir à ma chambre, s'il vous plaît.	**Παρακαλώ, μπείτε στο δωμάτιό μου.** [parakalʲó, bíte sto ðomátió mu]

J'aimerais avoir le service d'étage.	**Θα ήθελα να παραγγείλω φαγητό στο δωμάτιο.** [θa íθelʲa na parangílʲo fajitó sto ðomátio]
Mon numéro de chambre est le ...	**Ο αριθμός δωματίου μου είναι ...** [o ariθmós ðomatíu mu íne ...]
Je pars ...	**Φεύγω ...** [févɣo ...]
Nous partons ...	**Φεύγουμε ...** [févɣume ...]
maintenant	**τώρα** [tóra]
cet après-midi	**σήμερα το απόγευμα** [símera to apójevma]
ce soir	**απόψε** [apópse]
demain	**αύριο** [ávrio]
demain matin	**αύριο το πρωί** [ávrio to proí]
demain après-midi	**αύριο βράδυ** [ávrio vráði]
après-demain	**μεθαύριο** [meθávrio]

Je voudrais régler mon compte.	**Θα ήθελα να πληρώσω.** [θa íθelʲa na pliróso]
Tout était merveilleux.	**Όλα ήταν υπέροχα.** [ólʲa ítan ipéroxa]
Où puis-je trouver un taxi?	**Πού μπορώ να πάρω ένα ταξί;** [pú boró na páro éna taksí?]
Pourriez-vous m'appeler un taxi, s'il vous plaît?	**Μπορείτε παρακαλώ να καλέσετε ένα ταξί για μένα;** [boríte parakalʲó na kalésete éna taksí ja ména?]

Restaurant

Puis-je voir le menu, s'il vous plaît?	**Μπορώ να έχω έναν κατάλογο παρακαλώ;** [boró na éxo énan katálʲoɣo parakalʲó?]
Une table pour une personne.	**Τραπέζι για ένα άτομο.** [trapézi ja éna átomo]
Nous sommes deux (trois, quatre).	**Είμαστε δύο (τρία, τέσσερα) άτομα.** [ímaste ðío (tría, tésera) átoma]
Fumeurs	**Επιτρέπεται Κάπνισμα** [epitrépete kápnizma]
Non-fumeurs	**Απαγορεύεται το κάπνισμα** [apaɣorévete to kápnizma]
S'il vous plaît!	**Συγνώμη!** [siɣnómi!]
menu	**κατάλογος φαγητού** [katálʲoɣos fajitú]
carte des vins	**κατάλογος κρασιών** [katálʲoɣos krasión]
Le menu, s'il vous plaît.	**Τον κατάλογο, παρακαλώ.** [ton katálʲoɣo, parakalʲó]
Êtes-vous prêts à commander?	**Είστε έτοιμος να παραγγείλετε;** [íste étimos na parangílete?]
Qu'allez-vous prendre?	**Τι θα πάρετε;** [ti θa párete?]
Je vais prendre …	**Θα πάρω …** [θa páro …]
Je suis végétarien.	**Είμαι χορτοφάγος.** [íme xortofáɣos]
viande	**κρέας** [kréas]
poisson	**ψάρι** [psári]
légumes	**λαχανικά** [lʲaxaniká]
Avez-vous des plats végétariens?	**Έχετε πιάτα για χορτοφάγους;** [éxete piáta ja xortofágus?]
Je ne mange pas de porc.	**Δεν τρώω χοιρινό.** [ðen tróo xirinó]
Il /elle/ ne mange pas de viande.	**Αυτός /αυτή/ δεν τρώει κρέας.** [aftós /aftí/ ðen trói kréas]
Je suis allergique à …	**Είμαι αλλεργικός στο …** [íme alerjikós sto …]

Pourriez-vous m'apporter ..., s'il vous plaît.	**Μπορείτε παρακαλώ να μου φέρετε ...** [boríte parakalʲó na mu férete ...]
le sel | le poivre | du sucre	**αλάτι | πιπέρι | ζάχαρη** [alʲáti | pipéri | záxari]
un café | un thé | un dessert	**καφέ | τσάι | επιδόρπιο** [kafé | tsái | epiðórpio]
de l'eau | gazeuse | plate	**νερό | ανθρακούχο | φυσικό μεταλλικό** [neró | anθrakúxo | fisikó metalikó]
une cuillère | une fourchette | un couteau	**ένα κουτάλι | πιρούνι | μαχαίρι** [éna kutáli | pirúni | maxéri]
une assiette | une serviette	**ένα πιάτο | πετσέτα** [éna piáto | petséta]

Bon appétit!	**Καλή όρεξη!** [kalí óreksi!]
Un de plus, s'il vous plaît.	**Ένα ακόμα, παρακαλώ.** [éna akóma, parakalʲó]
C'était délicieux.	**Ήταν πολύ νόστιμο.** [ítan polí nóstimo]

l'addition | de la monnaie | le pourboire	**λογαριασμός | ρέστα | πουρμπουάρ** [lʲoɣariazmós | résta | purbuár]
L'addition, s'il vous plaît.	**Τον λογαριασμό, παρακαλώ.** [ton lʲoɣariazmó, parakalʲó]
Puis-je payer avec la carte?	**Μπορώ να πληρώσω με πιστωτική κάρτα;** [boró na pliróso me pistotikí kárta?]
Excusez-moi, je crois qu'il y a une erreur ici.	**Συγνώμη, εδώ υπάρχει ένα λάθος.** [siɣnómi, eðó ipárxi éna lʲáθos]

Shopping. Faire les Magasins

Est-ce que je peux vous aider?	**Τι θα θέλατε παρακαλώ;** [ti θa θélʲate parakalʲó?]
Avez-vous ... ?	**Έχετε ...;** [éxete ...?]
Je cherche ...	**Ψάχνω για ...** [psáxno ja ...]
Il me faut ...	**Χρειάζομαι ...** [xriázome ...]

Je regarde seulement, merci.	**Ρίχνω απλώς μία ματιά.** [ríxno aplʲós mía matiá]
Nous regardons seulement, merci.	**Ρίχνουμε απλώς μία ματιά.** [ríxnume aplʲós mía matiá]
Je reviendrai plus tard.	**Θα ξαναέρθω αργότερα.** [θa ksanaérθo arɣótera]
On reviendra plus tard.	**Θα ξαναέρθουμε αργότερα.** [θa ksanaérθume arɣótera]
Rabais | Soldes	**εκπτώσεις | πώληση με προσφορά** [ekptósis | pólisi me prosforá]

Montrez-moi, s'il vous plaît ...	**Μπορείτε παρακαλώ να μου δείξετε ...** [boríte parakalʲó na mu ðíksete ...]
Donnez-moi, s'il vous plaît ...	**Μπορείτε παρακαλώ να μου δώσετε ...** [boríte parakalʲó na mu ðósete ...]
Est-ce que je peux l'essayer?	**Μπορώ να το δοκιμάσω;** [boró na to ðokimáso?]
Excusez-moi, où est la cabine d'essayage?	**Συγνώμη, που είναι το δοκιμαστήριο;** [siɣnómi, pu íne to ðokimastírio?]
Quelle couleur aimeriez-vous?	**Ποιο χρώμα θα θέλατε;** [pio xróma θa θélʲate?]
taille | longueur	**μέγεθος | νούμερο** [méjeθos | número]
Est-ce que la taille convient ?	**Μου πάει;** [mu pái?]
Combien ça coûte?	**Πόσο κάνει;** [póso káni?]
C'est trop cher.	**Είναι πολύ ακριβό.** [íne polí akrivó]
Je vais le prendre.	**Θα το πάρω.** [θa to páro]

Excusez-moi, où est la caisse?	**Συγνώμη, που μπορώ να πληρώσω;** [siɣnómi, pu boró na pliróso?]
Payerez-vous comptant ou par carte de crédit?	**Θα πληρώσετε με μετρητά ή με πιστωτική κάρτα;** [θa plirósete me metritá í me pistotikí kárta?]
Comptant | par carte de crédit	**Τοις μετρητοίς | με πιστωτική κάρτα** [tis metritoís | me pistotikí kárta]

Voulez-vous un reçu?	**Θέλετε απόδειξη;** [θélete apóðiksi?]
Oui, s'il vous plaît.	**Ναι παρακαλώ.** [ne parakalʲó]
Non, ce n'est pas nécessaire.	**Όχι, είναι εντάξει.** [óxi, íne endáksi]
Merci. Bonne journée!	**Ευχαριστώ. Καλή σας μέρα!** [efxaristó. kalí sas méra!]

En ville

Excusez-moi, ...	**Με συγχωρείτε, ...** [me sinxoríte, ...]
Je cherche ...	**Ψάχνω για ...** [psáxno ja ...]
le métro	**μετρό** [metró]
mon hôtel	**το ξενοδοχείο μου** [to ksenoðoxío mu]
le cinéma	**σινεμά** [sinemá]
un arrêt de taxi	**πιάτσα ταξί** [piátsa taksí]
un distributeur	**ATM** [eitiém]
un bureau de change	**ανταλλακτήριο συναλλάγματος** [adalʲaktírio sinalʲáɣmatos]
un café internet	**ίντερνετ καφέ** [ínternet kafé]
la rue ...	**την οδό ...** [tin oðó ...]
cette place-ci	**αυτό το μέρος** [aftó to méros]
Savez-vous où se trouve ...?	**Ξέρετε πού είναι ...;** [ksérete pú íne ...?]
Quelle est cette rue?	**Ποια οδός είναι αυτή;** [pia oðós íne aftí?]
Montrez-moi où sommes-nous, s'il vous plaît.	**Δείξετε μου που βρισκόμαστε αυτή τη στιγμή.** [ðíksete mu pu vriskómaste aftí ti stiɣmí]
Est-ce que je peux y aller à pied?	**Μπορώ να πάω εκεί με τα πόδια;** [boró na páo ekí me ta póðia?]
Avez-vous une carte de la ville?	**Μήπως έχετε χάρτη της πόλης;** [mípos éxete xárti tis pólis?]
C'est combien pour un ticket?	**Πόσο κάνει το εισιτήριο για να μπείς μέσα;** [póso káni to isitírio ja na béis mésa?]
Est-ce que je peux faire des photos?	**Μπορώ να βγάλω φωτογραφίες εδώ;** [boró na vɣálʲo fotografíes eðó?]

Êtes-vous ouvert?	**Είστε ανοικτά;** [íste aniktá?]
À quelle heure ouvrez-vous?	**Πότε ανοίγετε;** [póte aniʝete?]
À quelle heure fermez-vous?	**Πότε κλείνετε;** [póte klínete?]

L'argent

argent	**χρήματα** [xrímata]
argent liquide	**μετρητά** [metritá]
des billets	**χαρτονομίσματα** [xartonomízmata]
petite monnaie	**ρέστα** [résta]
l'addition | de la monnaie | le pourboire	**λογαριασμός | ρέστα | πουρμπουάρ** [lʲoɣariazmós | résta | purbuár]
carte de crédit	**πιστωτική κάρτα** [pistotikí kárta]
portefeuille	**πορτοφόλι** [portofóli]
acheter	**αγοράζω** [aɣorázo]
payer	**πληρώνω** [pliróno]
amende	**πρόστιμο** [próstimo]
gratuit	**δωρεάν** [ðoreán]
Où puis-je acheter … ?	**Πού μπορώ να αγοράσω …;** [pú boró na aɣoráso …?]
Est-ce que la banque est ouverte en ce moment?	**Είναι τώρα η τράπεζα ανοιχτή;** [íne tóra i trápeza anixtí?]
À quelle heure ouvre-t-elle?	**Πότε ανοίγει;** [póte aníʝi?]
À quelle heure ferme-t-elle?	**Πότε κλείνει;** [póte klíni?]
C'est combien?	**Πόσο κάνει;** [póso káni?]
Combien ça coûte?	**Πόσο κάνει αυτό;** [póso káni aftó?]
C'est trop cher.	**Είναι πολύ ακριβό.** [íne polí akrivó]
Excusez-moi, où est la caisse?	**Συγνώμη, που μπορώ να πληρώσω;** [siɣnómi, pu boró na pliróso?]
L'addition, s'il vous plaît.	**Τον λογαριασμό, παρακαλώ.** [ton lʲoɣariazmó, parakalʲó]

Puis-je payer avec la carte?	**Μπορώ να πληρώσω με πιστωτική κάρτα;** [boró na pliróso me pistotikí kárta?]
Est-ce qu'il y a un distributeur ici?	**Μήπως υπάρχει εδώ κοντά κάποιο ATM;** [mípos ipárxi eðó kondá kápio eitiém?]
Je cherche un distributeur.	**Ψάχνω να βρω ένα ATM.** [psáxno ja na vro éna eitiém]

Je cherche un bureau de change.	**Ψάχνω για ένα ανταλλακτήριο συναλλάγματος.** [psáxno ja éna andalʲaktírio sinalʲáɣmatos]
Je voudrais changer ...	**Θα ήθελα να αλλάξω ...** [θa íθelʲa na alʲákso ...]
Quel est le taux de change?	**Ποια είναι η τιμή συναλλάγματος;** [pia íne i timí sinalʲáɣmatos?]
Avez-vous besoin de mon passeport?	**Θέλετε το διαβατήριο μου;** [θélete to ðiavatírio mu?]

Le temps

Quelle heure est-il?	**Τι ώρα είναι;** [ti óra íne?]
Quand?	**Πότε;** [póte?]
À quelle heure?	**Τι ώρα;** [ti óra?]
maintenant | plus tard | après ...	**τώρα | αργότερα | μετά ...** [tóra | arɣótera | metá ...]
une heure	**μία η ώρα** [mía i óra]
une heure et quart	**μία και τέταρτο** [mía ke tétarto]
une heure et demie	**μία και μισή** [mía ke misí]
deux heures moins quart	**δύο παρά τέταρτο** [ðío pará tétarto]
un | deux | trois	**μία | δύο | τρις** [mía | ðío | tris]
quatre | cinq | six	**τέσσερις | πέντε | έξι** [téseris | pénde | éksi]
sept | huit | neuf	**επτά | οκτώ | εννέα** [eptá | októ | enéa]
dix | onze | douze	**δέκα | έντεκα | δώδεκα** [ðéka | éndeka | ðóðeka]
dans ...	**σε ...** [se ...]
cinq minutes	**πέντε λεπτά** [pénde leptá]
dix minutes	**δέκα λεπτά** [ðéka leptá]
quinze minutes	**δεκαπέντε λεπτά** [ðekapénde leptá]
vingt minutes	**είκοσι λεπτά** [íkosi leptá]
une demi-heure	**μισή ώρα** [misí óra]
une heure	**μια ώρα** [mia óra]

dans la matinée	**το πρωί** [to proí]
tôt le matin	**νωρίς το πρωί** [norís to proí]
ce matin	**σήμερα το πρωί** [símera to proí]
demain matin	**αύριο το πρωί** [ávrio to proí]

à midi	**την ώρα του μεσημεριανού** [tin óra tu mesimerianú]
dans l'après-midi	**το απόγευμα** [to apójevma]
dans la soirée	**το βράδυ** [to vráði]
ce soir	**απόψε** [apópse]

la nuit	**την νύχτα** [tin níxta]
hier	**εχθές** [exθés]
aujourd'hui	**σήμερα** [símera]
demain	**αύριο** [ávrio]
après-demain	**μεθαύριο** [meθávrio]

Quel jour sommes-nous aujourd'hui?	**Τι μέρα είναι σήμερα;** [ti méra íne símera?]
Nous sommes …	**Είναι …** [íne …]
lundi	**Δευτέρα** [ðeftéra]
mardi	**Τρίτη** [tríti]
mercredi	**Τετάρτη** [tetárti]

jeudi	**Πέμπτη** [pémpti]
vendredi	**Παρασκευή** [paraskeví]
samedi	**Σάββατο** [sávato]
dimanche	**Κυριακή** [kiriakí]

Salutations - Introductions

Bonjour.	**Γεια σας.** [ja sas]
Enchanté /Enchantée/	**Χάρηκα που σας γνώρισα.** [xárika pu sas ɣnórisa]
Moi aussi.	**Και εγώ επίσης.** [ke eɣó epísis]
Je voudrais vous présenter ...	**Θα ήθελα να συναντήσεις ...** [θa íθelʲa na sinandísis ...]
Ravi de vous rencontrer.	**Χαίρομαι που σας γνωρίζω.** [xérome pu sas ɣnorízo]

Comment allez-vous?	**Τι κάνετε; Πώς είστε;** [ti kánete? pós íste?]
Je m'appelle ...	**Ονομάζομαι ...** [onomázome ...]
Il s'appelle ...	**Το όνομά του είναι ...** [to ónomá tu íne ...]
Elle s'appelle ...	**Το όνομά της είναι ...** [to ónomá tes íne ...]
Comment vous appelez-vous?	**Πώς ονομάζεστε;** [pós onomázeste?]
Quel est son nom? (m)	**Πώς ονομάζεται;** [pós onomázete?]
Quel est son nom? (f)	**Πώς ονομάζεται;** [pós onomázete?]
Quel est votre nom de famille?	**Ποιο είναι το επώνυμό σας;** [pio íne to epónimó sas?]
Vous pouvez m'appeler ...	**Μπορείτε να με λέτε ...** [boríte na me léte ...]
D'où êtes-vous?	**Από πού είστε;** [apó pú íste?]
Je suis de ...	**Είμαι από ...** [íme apó ...]
Qu'est-ce que vous faites dans la vie?	**Ποιο είναι το επάγγελμά σας;** [pio íne to epángelʲmá sas?]

Qui est-ce?	**Ποιος είναι αυτός ο άνθρωπος;** [pios íne aftós o ánθropos?]
Qui est-il?	**Ποιος είναι αυτός;** [pios íne aftós?]
Qui est-elle?	**Ποια είναι αυτή;** [pia íne aftí?]
Qui sont-ils?	**Ποιοι είναι αυτοί;** [pii íne aftí?]

C'est …	**Αυτός είναι …** [aftós íne …]
mon ami	**ο φίλος μου** [o fílʲos mu]
mon amie	**η φίλη μου** [i fíli mu]
mon mari	**ο σύζυγός μου** [o síziɣós mu]
ma femme	**η σύζυγός μου** [i síziɣós mu]

mon père	**ο πατέρας μου** [o patéras mu]
ma mère	**η μητέρα μου** [i mitéra mu]
mon frère	**ο αδελφός μου** [o aðelʲfós mu]
ma sœur	**η αδελφή μου** [i aðelʲfí mu]
mon fils	**ο γιός μου** [o ʝiós mu]
ma fille	**η κόρη μου** [i kóri mu]

C'est notre fils.	**Αυτός είναι ο γιός μας.** [aftós íne o ʝiós mas]
C'est notre fille.	**Αυτή είναι η κόρη μας.** [aftí íne i kóri mas]
Ce sont mes enfants.	**Αυτά είναι τα παιδιά μου.** [aftá íne ta peðiá mu]
Ce sont nos enfants.	**Αυτά είναι τα παιδιά μας.** [aftá íne ta peðiá mas]

Les adieux

Au revoir!	**Αντίο!** [adío!]
Salut!	**Γεια σου!** [ja su!]
À demain.	**Θα σας δω αύριο.** [θa sas ðo ávrio]
À bientôt.	**Θα σε δω σύντομα.** [θa se ðo síndoma]
On se revoit à sept heures.	**Θα σε δω στις επτά.** [θa se ðo stis eptá]
Amusez-vous bien!	**Καλή διασκέδαση!** [kalí ðiaskéðasi!]
On se voit plus tard.	**Θα τα πούμε αργότερα.** [θa ta púme aryótera]
Bonne fin de semaine.	**Καλό σαββατοκύριακο.** [kalʲó savatokíriako]
Bonne nuit.	**Καλή νύχτα σας.** [kalí níxta sas]
Il est l'heure que je parte.	**Είναι ώρα να πηγαίνω.** [íne óra na pijéno]
Je dois m'en aller.	**Πρέπει να φύγω.** [prépi na fíyo]
Je reviens tout de suite.	**Θα γυρίσω αμέσως.** [θa jiríso amésos]
Il est tard.	**Είναι αργά.** [íne aryá]
Je dois me lever tôt.	**Πρέπει να ξυπνήσω νωρίς.** [prépi na ksipníso norís]
Je pars demain.	**Φεύγω αύριο.** [févyo ávrio]
Nous partons demain.	**Φεύγουμε αύριο.** [févyume ávrio]
Bon voyage!	**Καλό σας ταξίδι!** [kalʲó sas taksíði!]
Enchanté de faire votre connaissance.	**Χάρηκα που σας γνώρισα.** [xárika pu sas ynórisa]
Heureux /Heureuse/ d'avoir parlé avec vous.	**Χάρηκα που μιλήσαμε.** [xárika pu milísame]
Merci pour tout.	**Ευχαριστώ για όλα.** [efxaristó ja ólʲa]

Je me suis vraiment amusé /amusée/	**Πέρασα πολύ καλά.** [pérasa polí kalʲá]
Nous nous sommes vraiment amusés /amusées/	**Περάσαμε πολύ καλά.** [perásame polí kalʲá]
C'était vraiment plaisant.	**Ήταν πραγματικά υπέροχα.** [ítan praɣmatiká ipéroxa]
Vous allez me manquer.	**Θα μου λείψετε.** [θa mu lípsete]
Vous allez nous manquer.	**Θα μας λείψετε.** [θa mas lípsete]

Bonne chance!	**Καλή τύχη!** [kalí tíxi!]
Mes salutations à …	**Χαιρετίσματα σε …** [xeretízmata se …]

Une langue étrangère

Je ne comprends pas.	**Δεν καταλαβαίνω.** [ðen katalʲavéno]
Écrivez-le, s'il vous plaît.	**Μπορείτε σας παρακαλώ να το γράψετε;** [boríte sas parakalʲó na to ɣrápsete?]
Parlez-vous ...?	**Μιλάτε ...;** [milʲáte ...?]
Je parle un peu ...	**Μιλάω λίγο ...** [milʲáo líɣo ...]
anglais	**αγγλικά** [angliká]
turc	**τουρκικά** [turkiká]
arabe	**αραβικά** [araviká]
français	**γαλλικά** [ɣaliká]
allemand	**γερμανικά** [ʝermaniká]
italien	**ιταλικά** [italiká]
espagnol	**ισπανικά** [ispaniká]
portugais	**πορτογαλικά** [portoɣaliká]
chinois	**κινέζικα** [kinézika]
japonais	**ιαπωνικά** [japoniká]
Pouvez-vous le répéter, s'il vous plaît.	**Μπορείτε παρακαλώ να το επαναλάβετε;** [boríte parakalʲó na to epanalʲávete?]
Je comprends.	**Καταλαβαίνω.** [katalʲavéno]
Je ne comprends pas.	**Δεν καταλαβαίνω.** [ðen katalʲavéno]
Parlez plus lentement, s'il vous plaît.	**Παρακαλώ μιλάτε πιο αργά.** [parakalʲó milʲáte pio arɣá]

Est-ce que c'est correct?

Είναι σωστό αυτό;
[íne sostó aftó?]

Qu'est-ce que c'est?

Τι είναι αυτό;
[ti íne aftó?]

Les excuses

Excusez-moi, s'il vous plaît.	**Με συγχωρείτε, παρακαλώ.** [me sinxoríte, parakal^{j}ó]
Je suis désolé /désolée/	**Λυπάμαι.** [lipáme]
Je suis vraiment /désolée/	**Λυπάμαι πολύ.** [lipáme polí]
Désolé /Désolée/, c'est ma faute.	**Με συγχωρείτε, ήταν λάθος μου.** [me sinxoríte, ítan l^{j}áθos mu]
Au temps pour moi.	**Είναι λάθος μου.** [íne l^{j}áθos mu]

Puis-je … ?	**Θα μπορούσα να …;** [θa borúsa na …?]
Ça vous dérange si je …?	**Θα σας πείραζε να …;** [θa sas píraze na …?]
Ce n'est pas grave.	**Είναι εντάξει.** [íne endáksi]
Ça va.	**Εντάξει.** [endáksi]
Ne vous inquiétez pas.	**Μην σας απασχολεί.** [min sas apasxolí]

Les accords

Oui	**Ναι.** [ne]
Oui, bien sûr.	**Ναι, φυσικά.** [ne, fisiká]
Bien.	**Εντάξει! Καλά!** [endáksi! kalʲá!]
Très bien.	**Πολύ καλά.** [polí kalʲá]
Bien sûr!	**Φυσικά!** [fisiká!]
Je suis d'accord.	**Συμφωνώ.** [simfonó]
C'est correct.	**Αυτό είναι σωστό.** [aftó íne sostó]
C'est exact.	**Σωστά.** [sostá]
Vous avez raison.	**Έχετε δίκιο.** [éxete ðíkio]
Je ne suis pas contre.	**Δεν με πειράζει.** [ðen me pirázi]
Tout à fait correct.	**Απολύτως σωστό.** [apolítos sostó]
C'est possible.	**Είναι πιθανό.** [íne piθanó]
C'est une bonne idée.	**Είναι μία καλή ιδέα.** [íne mía kalí iðéa]
Je ne peux pas dire non.	**Δεν μπορώ να αρνηθώ.** [ðen boró na arniθó]
J'en serai ravi /ravie/	**Βεβαίως.** [vevéos]
Avec plaisir.	**Ευχαρίστως.** [efxarístos]

Refus, exprimer le doute

Non	**Όχι.** [óxi]
Absolument pas.	**Βέβαια όχι.** [vévea óxi]
Je ne suis pas d'accord.	**Δεν συμφωνώ.** [ðen simfonó]
Je ne le crois pas.	**Δεν νομίζω** [ðen nomízo]
Ce n'est pas vrai.	**Δεν είναι αλήθεια.** [ðen íne alíθia]
Vous avez tort.	**Κάνετε λάθος.** [kánete lʲáθos]
Je pense que vous avez tort.	**Νομίζω ότι κάνετε λάθος.** [nomízo óti kánete lʲáθos]
Je ne suis pas sûr /sûre/	**Δεν είμαι σίγουρος.** [ðen íme síɣuros]
C'est impossible.	**Είναι αδύνατο.** [íne aðínato]
Pas du tout!	**Τίποτα τέτοιο!** [típota tétio!]
Au contraire!	**Το ακριβώς αντίθετο.** [to akrivós andíθeto]
Je suis contre.	**Διαφωνώ με αυτό.** [ðiafonó me aftó]
Ça m'est égal.	**Δεν με νοιάζει.** [ðen me niázi]
Je n'ai aucune idée.	**Δεν έχω ιδέα.** [ðen éxo iðéa]
Je doute que cela soit ainsi.	**Δεν νομίζω** [ðen nomízo]
Désolé /Désolée/, je ne peux pas.	**Με συγχωρείτε, δεν μπορώ.** [me sinxoríte, ðen boró]
Désolé /Désolée/, je ne veux pas.	**Με συγχωρείτε, δεν θέλω να.** [me sinxoríte, ðen θélʲo na]
Merci, mais ça ne m'intéresse pas.	**Ευχαριστώ, αλλά δεν το χρειάζομαι αυτό.** [efxaristó, alʲá ðen to xriázome aftó]
Il se fait tard.	**Είναι αργά.** [íne arɣá]

Je dois me lever tôt.	**Πρέπει να σηκωθώ νωρίς.** [prépi na sekoθó norís]
Je ne me sens pas bien.	**Δεν αισθάνομαι καλά.** [ðen esθánome kalʲá]

Exprimer la gratitude

Merci.	**Σας ευχαριστώ.** [sas efxaristó]
Merci beaucoup.	**Σας ευχαριστώ πολύ.** [sas efxaristó polí]
Je l'apprécie beaucoup.	**Το εκτιμώ πολύ.** [to ektimó polí]
Je vous suis très reconnaissant.	**Σας είμαι πραγματικά ευγνώμων.** [sas íme praɣmatiká evɣnómon]
Nous vous sommes très reconnaissant.	**Σας είμαστε πραγματικά ευγνώμονες.** [sas ímaste praɣmatiká evɣnómones]
Merci pour votre temps.	**Σας ευχαριστώ για τον χρόνο σας.** [sas efxaristó ʝa ton xróno sas]
Merci pour tout.	**Ευχαριστώ για όλα.** [efxaristó ʝa ólʲa]
Merci pour ...	**Σας ευχαριστώ για ...** [sas efxaristó ʝa ...]
votre aide	**την βοήθειά σας** [tin voíθiá sas]
les bons moments passés	**να περάσετε καλά** [na perásete kalʲá]
un repas merveilleux	**ένα υπέροχο γεύμα** [éna ipéroxo ʝévma]
cette agréable soirée	**ένα ευχάριστο βράδυ** [éna efxáristo vráði]
cette merveilleuse journée	**μια υπέροχη μέρα** [mia ipéroxi méra]
une excursion extraordinaire	**ένα καταπληκτικό ταξίδι** [éna katapliktikó taksíði]
Il n'y a pas de quoi.	**Δεν είναι τίποτα** [ðen íne típota]
Vous êtes les bienvenus.	**Παρακαλώ, δεν κάνει τίποτα.** [parakalʲó, ðen káni típota]
Mon plaisir.	**Οποτεδήποτε.** [opoteðípote]
J'ai été heureux /heureuse/ de vous aider.	**Είναι ευχαρίστηση μου.** [íne efxarístisi mu]
Ça va. N'y pensez plus.	**Ξέχνα το.** [kséxna to]
Ne vous inquiétez pas.	**Μην σας απασχολεί.** [min sas apasxolí]

Félicitations. Vœux de fête

Félicitations!	**Συγχαρητήρια!** [sinxaritíria!]
Joyeux anniversaire!	**Χρόνια πολλά!** [xrónia polʲá!]
Joyeux Noël!	**Καλά Χριστούγεννα!** [kalʲá xristújena!]
Bonne Année!	**Καλή Χρονιά!** [kalí xroniá!]
Joyeuses Pâques!	**Καλό Πάσχα!** [kalʲó pásxa!]
Joyeux Hanoukka!	**Καλό Χάνουκα!** [kalʲó xánuka!]
Je voudrais proposer un toast.	**Θα ήθελα να κάνω μία πρόποση** [θa íθelʲa na káno mía próposi]
Santé!	**Γεια μας!** [ja mas!]
Buvons à ...!	**Ας πιούμε στην υγειά του ...!** [as piúme stin ijiá tu ...!]
À notre succès!	**Στην επιτυχία μας!** [stin epitixía mas!]
À votre succès!	**Στην επιτυχία σας!** [stin epitixía sas!]
Bonne chance!	**Καλή τύχη!** [kalí tíxi]
Bonne journée!	**Να έχετε μια ευχάριστη μέρα!** [na éxete mia efxáristi méra!]
Passez de bonnes vacances !	**Καλές διακοπές!** [kalés ðiakopés!]
Bon voyage!	**Να έχετε ένα ασφαλές ταξίδι!** [na éxete éna asfalés taksíði!]
Rétablissez-vous vite.	**Ελπίζω να αναρρώσετε σύντομα!** [elʲpízo na anarósete síntoma!]

Socialiser

Pourquoi êtes-vous si triste?	**Γιατί είστε λυπημένος;** [jatí íste lipeménos?]
Souriez!	**Χαμογελάστε!** [xamojelʲáste!]
Êtes-vous libre ce soir?	**Έχετε χρόνο απόψε;** [éxete xróno apópse?]
Puis-je vous offrir un verre?	**Θα μπορούσα να σας προσφέρω ένα ποτό;** [θa borúsa na sas prosféro éna potó?]
Voulez-vous danser?	**Θα θέλατε να χορέψουμε;** [θa θélʲate na xorépsume?]
Et si on va au cinéma?	**Πάμε σινεμά.** [páme sinemá]
Puis-je vous inviter ...	**Θα μπορούσα να σας προσκαλέσω σε ...;** [θa borúsa na sas proskaléso se ...?]
au restaurant	**δείπνο** [ðípno]
au cinéma	**σινεμά** [sinemá]
au théâtre	**θέατρο** [θéatro]
pour une promenade	**για μια βόλτα** [ja mia vólʲta]
À quelle heure?	**Τι ώρα;** [ti óra?]
ce soir	**απόψε** [apópse]
à six heures	**στις έξι** [stis éksi]
à sept heures	**στις επτά** [stis eptá]
à huit heures	**στις οκτώ** [stis októ]
à neuf heures	**στις εννέα** [stis enéa]

Est-ce que vous aimez cet endroit?	**Σας αρέσει εδώ;** [sas arési eðó?]
Êtes-vous ici avec quelqu'un?	**Είστε εδώ με κάποιον;** [íste eðó me kápion?]
Je suis avec mon ami.	**Είμαι με τον φίλο μου.** [íme me ton fílʲo mu]
Je suis avec mes amis.	**Είμαι με τους φίλους μου.** [íme me tus fílʲus mu]
Non, je suis seul /seule/	**Όχι, είμαι μόνος /μόνη/.** [óxi, íme mónos /móni/]

As-tu un copain?	**Έχεις αγόρι;** [éxis aɣóri?]
J'ai un copain.	**Έχω αγόρι.** [éxo aɣóri]
As-tu une copine?	**Έχεις κορίτσι;** [éxis korítsi?]
J'ai une copine.	**Έχω κορίτσι.** [éxo korítsi]
Est-ce que je peux te revoir?	**Θέλεις να ξαναβρεθούμε;** [θélis na ksanavreθúme?]
Est-ce que je peux t'appeler?	**Μπορώ να σου τηλεφωνήσω;** [boró na su tilefoníso?]
Appelle-moi.	**Πάρε με τηλέφωνο.** [páre me tiléfono]
Quel est ton numéro?	**Ποιος είναι ο αριθμός σου;** [pios íne o ariθmós su?]
Tu me manques.	**Μου λείπεις.** [mu lípis]

Vous avez un très beau nom.	**Έχετε ωραίο όνομα.** [éxete oréo ónoma]
Je t'aime.	**Σ'αγαπώ.** [saɣapó]
Veux-tu te marier avec moi?	**Θα με παντρευτείς;** [θa me pandreftís?]
Vous plaisantez!	**Αστειεύεστε!** [astiéveste!]
Je plaisante.	**Απλώς αστειεύομαι.** [aplʲós astiévome]

Êtes-vous sérieux /sérieuse/?	**Μιλάτε σοβαρά;** [milʲáte sovará?]
Je suis sérieux /sérieuse/	**Μιλώ σοβαρά.** [milʲó sovará]
Vraiment?!	**Αλήθεια;** [alíθia?]
C'est incroyable!	**Είναι απίστευτο!** [íne apístefto!]
Je ne vous crois pas.	**Δεν σας πιστεύω.** [ðen sas pistévo]

Je ne peux pas.	**Δεν μπορώ.** [ðen boró]
Je ne sais pas.	**Δεν ξέρω.** [ðen kséro]
Je ne vous comprends pas	**Δεν σας καταλαβαίνω.** [ðen sas katalʲavéno]
Laissez-moi! Allez-vous-en!	**Παρακαλώ φύγετε.** [parakalʲó fíʝete]
Laissez-moi tranquille!	**Αφήστε με ήσυχη!** [afíste me ésixi!]

Je ne le supporte pas.	**Δεν τον αντέχω.** [ðen ton adéxo]
Vous êtes dégoûtant!	**Είστε απαίσιος!** [íste apésios!]
Je vais appeler la police!	**Θα καλέσω την αστυνομία!** [θa kaléso tin astinomía!]

Partager des impressions. Émotions

J'aime ça.	**Μου αρέσει.** [mu arési]
C'est gentil.	**Πολύ ωραίο.** [polí oréo]
C'est super!	**Είναι θαυμάσιο!** [íne θavmásio!]
C'est assez bien.	**Δεν είναι κακό.** [ðen íne kakó]
Je n'aime pas ça.	**Δεν μου αρέσει.** [ðen mu arési]
Ce n'est pas bien.	**Δεν είναι καλό.** [ðen íne kalʲó]
C'est mauvais.	**Είναι κακό.** [íne kakó]
Ce n'est pas bien du tout.	**Είναι πολύ κακό.** [íne polí kakó]
C'est dégoûtant.	**Είναι αηδιαστικό.** [íne aiðiastikó]
Je suis content /contente/	**Είμαι χαρούμενος /χαρούμενη/.** [íme xarúmenos /xarúmeni/]
Je suis heureux /heureuse/	**Είμαι ικανοποιημένος /ικανοποιημένη/.** [íme ikanopiménos /ikanopiméni/]
Je suis amoureux /amoureuse/	**Είμαι ερωτευμένος /ερωτευμένη/.** [íme erotevménos /erotevméni/]
Je suis calme.	**Είμαι ήρεμος /ήρεμη/.** [íme íremos /íremi/]
Je m'ennuie.	**Βαριέμαι.** [variéme]
Je suis fatigué /fatiguée/	**Είμαι κουρασμένος /κουρασμένη/.** [íme kurazménos /kurazméni/]
Je suis triste.	**Είμαι στενοχωρημένος /στενοχωρημένη/.** [íme stenoxoriménos /stenoxoriméni/]
J'ai peur.	**Φοβάμαι.** [fováme]
Je suis fâché /fâchée/	**Είμαι θυμωμένος /θυμωμένη/.** [íme θimoménos /θimoméni/]
Je suis inquiet /inquiète/	**Ανησυχώ** [anesixó]

Je suis nerveux /nerveuse/

Είμαι νευρικός /νευρική/.
[íme nevrikós /nevrikí/]

Je suis jaloux /jalouse/

Ζηλεύω.
[zilévo]

Je suis surpris /surprise/

Εκπλήσσομαι.
[ekplísome]

Je suis gêné /gênée/

Νιώθω αμήχανα.
[nióθo amíxana]

Problèmes. Accidents

J'ai un problème.	**Έχω ένα πρόβλημα.** [éxo éna próvlima]
Nous avons un problème.	**Έχουμε ένα πρόβλημα.** [éxume éna próvlima]
Je suis perdu /perdue/	**Χάθηκα.** [xáθika]
J'ai manqué le dernier bus (train).	**Έχασα το τελευταίο λεωφορείο (τρένο).** [éxasa to teleftéo leoforío (tréno)]
Je n'ai plus d'argent.	**Δεν έχω άλλα χρήματα.** [ðen éxo álʲa xrímata]
J'ai perdu mon ...	**Έχασα το ... μου** [éxasa to ... mu]
On m'a volé mon ...	**Μου έκλεψαν το ... μου** [mu éklepsan to ... mu]
passeport	**διαβατήριο** [ðiavatírio]
portefeuille	**πορτοφόλι** [portofóli]
papiers	**χαρτιά** [xartiá]
billet	**εισιτήριο** [isitírio]
argent	**χρήματα** [xrímata]
sac à main	**τσάντα** [tsánda]
appareil photo	**κάμερα** [kámera]
portable	**λάπτοπ** [lʲáptop]
ma tablette	**τάμπλετ** [táblet]
mobile	**κινητό** [kinitó]
Au secours!	**Βοηθήστε με!** [voiθíste me!]
Qu'est-il arrivé?	**Τι συνέβη;** [ti sinévi?]

un incendie	**φωτιά** [fotiá]
des coups de feu	**πυροβολισμός** [pirovolizmós]
un meurtre	**φόνος** [fónos]
une explosion	**έκρηξη** [ékriksi]
une bagarre	**καυγάς** [kavɣás]

Appelez la police!	**Καλέστε την αστυνομία!** [kaléste tin astinomía!]
Dépêchez-vous, s'il vous plaît!	**Παρακαλώ βιαστείτε!** [parakalʲó viastíte!]
Je cherche le commissariat de police.	**Ψάχνω να βρω ένα αστυνομικό τμήμα.** [psáxno na vro éna astinomikó tmíma]
Il me faut faire un appel.	**Πρέπει να τηλεφωνήσω.** [prépi na tilefoníso]
Puis-je utiliser votre téléphone?	**Θα μπορούσα να χρησιμοποιήσω το τηλέφωνό σας;** [θa borúsa na xresimopiéso to tiléfonó sas?]

J'ai été ...	**Με ...** [me ...]
agressé /agressée/	**έδειραν** [éðiran]
volé /volée/	**λήστεψαν** [lístepsan]
violée	**βίασαν** [víasan]
attaqué /attaquée/	**επιτέθηκαν** [epitéθikan]

Est-ce que ça va?	**Είστε καλά;** [íste kalʲá?]
Avez-vous vu qui c'était?	**Είδατε ποιος ήταν;** [íðate pios itan?]
Pourriez-vous reconnaître cette personne?	**Μπορείτε να αναγνωρίσετε αυτό το άτομο;** [boríte na anaɣnorísete aftó to átomo?]
Vous êtes sûr?	**Είστε σίγουρος;** [íste síɣuros?]

Calmez-vous, s'il vous plaît.	**Παρακαλώ ηρεμήστε.** [parakalʲó iremíste]
Calmez-vous!	**Με την ησυχία σας!** [me tin esixía sas!]

Ne vous inquiétez pas.	**Μην ανησυχείτε!** [min anisixíte!]
Tout ira bien.	**Όλα θα πάνε καλά.** [ólʲa θa páne kalʲá]
Ça va. Tout va bien.	**Όλα είναι εντάξει.** [ólʲa íne edáksi]

Venez ici, s'il vous plaît.	**Ελάτε εδώ, παρακαλώ.** [elʲáte eðó, parakalʲó]
J'ai des questions à vous poser.	**Έχω να σας κάνω μερικές ερωτήσεις.** [éxo na sas káno merikés erotísis]
Attendez un moment, s'il vous plaît.	**Περιμένετε ένα λεπτό, παρακαλώ.** [periménete éna leptó, parakalʲó]
Avez-vous une carte d'identité?	**Έχετε την ταυτότητα σας μαζί σας;** [éxete tin taftótita sas mazí sas?]
Merci. Vous pouvez partir maintenant.	**Ευχαριστώ. Μπορείτε να φύγετε.** [efxaristó. boríte na fíjete]
Les mains derrière la tête!	**Τα χέρια πίσω από το κεφάλι σας!** [ta xéria píso apó to kefáli sas!]
Vous êtes arrêté!	**Συλλαμβάνεστε!** [silʲamváneste!]

Problèmes de santé

Aidez-moi, s'il vous plaît.	**Παρακαλώ βοηθήστε με.** [parakalʲó voiθíste me]
Je ne me sens pas bien.	**Δεν αισθάνομαι καλά.** [ðen esθánome kalʲá]
Mon mari ne se sent pas bien.	**Ο σύζυγός μου δεν αισθάνεται καλά.** [o síziɣós mu ðen esθánete kalʲá]
Mon fils ...	**Ο γιός μου ...** [o ʝiós mu ...]
Mon père ...	**Ο πατέρας μου ...** [o patéras mu ...]

Ma femme ne se sent pas bien.	**Η γυναίκα μου δεν αισθάνεται καλά.** [i ʝinéka mu ðen esθánete kalʲá]
Ma fille ...	**Η κόρη μου ...** [i kóri mu ...]
Ma mère ...	**Η μητέρα μου ...** [i mitéra mu ...]

J'ai mal ...	**Μου πονάει ...** [mu ponái ...]
à la tête	**το κεφάλι** [to kefáli]
à la gorge	**ο λαιμός** [o lemós]
à l'estomac	**το στομάχι** [to stomáxi]
aux dents	**το δόντι** [to ðóndi]

J'ai le vertige.	**Ζαλίζομαι.** [zalízome]
Il a de la fièvre.	**Αυτός έχει πυρετό.** [aftós éxi piretó]
Elle a de la fièvre.	**Αυτή έχει πυρετό.** [afté éxi piretó]
Je ne peux pas respirer.	**Δεν μπορώ να αναπνεύσω.** [ðen boró na anapnéfso]

J'ai du mal à respirer.	**Μου κόπηκε η αναπνοή.** [mu kópike i anapnoí]
Je suis asthmatique.	**Έχω άσθμα.** [éxo ásθma]
Je suis diabétique.	**Είμαι διαβητικός.** [íme ðiavetikós]

Je ne peux pas dormir.	**Έχω αϋπνία.** [éxo aipnía]
intoxication alimentaire	**τροφική δηλητηρίαση** [trofikí ðilitiríasi]

Ça fait mal ici.	**Πονάω εδώ.** [ponáo eðó]
Aidez-moi!	**Βοηθήστε με!** [voiθíste me!]
Je suis ici!	**Εδώ είμαι!** [eðó íme!]
Nous sommes ici!	**Εδώ είμαστε!** [eðó ímaste!]
Sortez-moi d'ici!	**Πάρτε με από δώ!** [párte me apó ðó!]
J'ai besoin d'un docteur.	**Χρειάζομαι ένα γιατρό.** [xriázome éna jatró]
Je ne peux pas bouger!	**Δεν μπορώ να κουνηθώ.** [ðen boró na kuniθó]
Je ne peux pas bouger mes jambes.	**Δεν μπορώ να κουνήσω τα πόδια μου.** [ðen boró na kuníso ta póðia mu]

Je suis blessé /blessée/	**Είμαι τραυματισμένος /τραυματισμένη/.** [íme travmatizménos /travmatizméni/]
Est-ce que c'est sérieux?	**Είναι σοβαρό;** [íne sovaró?]
Mes papiers sont dans ma poche.	**Τα χαρτιά μου είναι μέσα στην τσέπη μου.** [ta xartiá mu íne mésa stin tsépi mu]

Calmez-vous!	**Ηρεμήστε!** [iremíste!]
Puis-je utiliser votre téléphone?	**Θα μπορούσα να χρησιμοποιήσω το τηλέφωνο σας;** [θa borúsa na xresimopiéso to tiléfono sas?]

Appelez une ambulance!	**Καλέστε ένα ασθενοφόρο!** [kaléste éna asθenofóro!]
C'est urgent!	**Είναι επείγον!** [íne epíɣon!]
C'est une urgence!	**Είναι επείγον!** [íne epíɣon!]
Dépêchez-vous, s'il vous plaît!	**Παρακαλώ βιαστείτε!** [parakalʲó viastíte!]
Appelez le docteur, s'il vous plaît.	**Φωνάζετε παρακαλώ έναν γιατρό;** [fonázete parakalʲó énan jatró?]

Où est l'hôpital?	**Πού είναι το νοσοκομείο;** [pú íne to nosokomío?]
Comment vous sentez-vous?	**Πως αισθάνεστε;** [pos esθáneste?]
Est-ce que ça va?	**Είστε καλά;** [íste kalʲá?]
Qu'est-il arrivé?	**Τι έγινε;** [ti éjine?]
Je me sens mieux maintenant.	**Νοιώθω καλύτερα τώρα.** [nióθo kalítera tóra]
Ça va. Tout va bien.	**Είναι εντάξει.** [íne endáksi]
Ça va.	**Όλα καλά.** [ólʲa kalʲá]

À la pharmacie

pharmacie	**φαρμακείο** [farmakío]
pharmacie 24 heures	**εφημερεύον φαρμακείο** [efmerévon farmakío]
Où se trouve la pharmacie la plus proche?	**Πού είναι το πιο κοντινό φαρμακείο;** [pú íne to pio kondinó farmakío?]
Est-elle ouverte en ce moment?	**Είναι ανοιχτό αυτήν την ώρα;** [íne anixtó aftín tin óra?]
À quelle heure ouvre-t-elle?	**Τι ώρα ανοίγει;** [ti óra aníʝi?]
à quelle heure ferme-t-elle?	**Τι ώρα κλείνει;** [ti óra klíni?]
C'est loin?	**Είναι μακριά από εδώ;** [íne makriá apó eðó?]
Est-ce que je peux y aller à pied?	**Μπορώ να πάω εκεί με τα πόδια;** [boró na páo ekí me ta póðia?]
Pouvez-vous me le montrer sur la carte?	**Μπορείτε να μου δείξετε στο χάρτη;** [boríte na mu ðíksete sto xárti?]
Pouvez-vous me donner quelque chose contre ...	**Παρακαλώ δώστε μου κάτι για ...** [parakalʲó ðóste mu káti ʝa ...]
le mal de tête	**πονοκέφαλο** [ponokéfalʲo]
la toux	**βήχα** [víxa]
le rhume	**το κρυολόγημα** [to kriolʲóʝima]
la grippe	**γρίπη** [grípi]
la fièvre	**πυρετό** [piretó]
un mal d'estomac	**πόνο στο στομάχι** [póno sto stomáxi]
la nausée	**ναυτία** [naftía]
la diarrhée	**διάρροια** [ðiária]
la constipation	**δυσκοιλιότητα** [ðiskiliótita]
un mal de dos	**πόνο στην πλάτη** [póno stin plʲáti]

les douleurs de poitrine	**πόνο στο στήθος** [póno sto stíθos]
les points de côté	**πόνο στα πλευρά** [póno sta plevrá]
les douleurs abdominales	**πόνο στην κοιλιά** [póno sten kiliá]

une pilule	**χάπι** [xápi]
un onguent, une crème	**αλοιφή, κρέμα** [alifí, kréma]
un sirop	**σιρόπι** [sirópi]
un spray	**σπρέι** [spréj]
les gouttes	**σταγόνες** [staɣónes]

Vous devez allez à l'hôpital.	**Πρέπει να πάτε στο νοσοκομείο.** [prépi na páte sto nosokomío]
assurance maladie	**ιατροφαρμακευτική κάλυψη** [jatrofarmakeftikí kálipsi]
prescription	**συνταγή** [sindají]
produit anti-insecte	**εντομοαπωθητικό** [endomoapoθitikó]
bandages adhésifs	**τσιρότο** [tsiróto]

Les essentiels

Excusez-moi, ...	**Συγνώμη, ...** [siɣnómi, ...]
Bonjour	**Γεια σας.** [ja sas]
Merci	**Ευχαριστώ.** [efxaristó]
Au revoir	**Αντίο.** [adío]
Oui	**Ναι.** [ne]
Non	**Όχι.** [óxi]
Je ne sais pas.	**Δεν ξέρω.** [ðen kséro]
Où? (~ es-tu?) | Où? (~ vas-tu?) | Quand?	**Πού; | Προς τα πού; | Πότε;** [pú? | pros ta pú? | póte?]
J'ai besoin de ...	**Χρειάζομαι ...** [xriázome ...]
Je veux ...	**Θέλω ...** [θélʲo ...]
Avez-vous ... ?	**Έχετε ...;** [éxete ...?]
Est-ce qu'il y a ... ici?	**Μήπως υπάρχει ... εδώ;** [mípos ipárxi ... eðó?]
Puis-je ... ?	**Θα μπορούσα να ...;** [θa borúsa na ...?]
s'il vous plaît (pour une demande)	**..., παρακαλώ** [..., parakalʲó]
Je cherche ...	**Ψάχνω για ...** [psáxno ja ...]
les toilettes	**τουαλέτα** [tualéta]
un distributeur	**ATM** [eitiém]
une pharmacie	**φαρμακείο** [farmakío]
l'hôpital	**νοσοκομείο** [nosokomío]
le commissariat de police	**αστυνομικό τμήμα** [astinomikó tmíma]
une station de métro	**μετρό** [metró]

un taxi	**ταξί** [taksí]
la gare	**σιδηροδρομικό σταθμό** [siðiroðromikó staθmó]

Je m'appelle ...	**Ονομάζομαι ...** [onomázome ...]
Comment vous appelez-vous?	**Πώς ονομάζεστε;** [pós onomázeste?]
Aidez-moi, s'il vous plaît.	**Μπορείτε παρακαλώ να με βοηθήσετε;** [boríte parakalʲó na me voiθísete?]
J'ai un problème.	**Έχω ένα πρόβλημα.** [éxo éna próvlima]
Je ne me sens pas bien.	**Δεν αισθάνομαι καλά.** [ðen esθánome kalʲá]
Appelez une ambulance!	**Καλέστε ένα ασθενοφόρο!** [kaléste éna asθenofóro!]
Puis-je faire un appel?	**Θα μπορούσα να κάνω ένα τηλέφωνο;** [θa borúsa na káno éna tiléfono?]

Excusez-moi.	**Συγνώμη.** [siɣnómi]
Je vous en prie.	**Παρακαλώ!** [parakalʲó!]

je, moi	**Εγώ, εμένα** [eɣó, eména]
tu, toi	**εσύ** [esí]
il	**αυτός** [aftós]
elle	**αυτή** [aftí]
ils	**αυτοί** [aftí]
elles	**αυτές** [aftés]
nous	**εμείς** [emís]
vous	**εσείς** [esís]
Vous	**εσείς** [esís]

ENTRÉE	**ΕΙΣΟΔΟΣ** [ísoðos]
SORTIE	**ΕΞΟΔΟΣ** [éksoðos]

HORS SERVICE | EN PANNE	**ΕΚΤΟΣ ΛΕΙΤΟΥΡΓΙΑΣ** [éktos liturȷías]
FERMÉ	**ΚΛΕΙΣΤΟ** [klísto]
OUVERT	**ΑΝΟΙΚΤΟ** [aníkto]
POUR LES FEMMES	**ΓΥΝΑΙΚΩΝ** [ȷinekón]
POUR LES HOMMES	**ΑΝΔΡΩΝ** [ánðron]

VOCABULAIRE THÉMATIQUE

Cette section contient plus
de 3000 des mots les plus
importants. Le dictionnaire
sera d'une aide indispensable
lors de voyages à l'étranger
puisque les mots individuels
sont souvent assez pour être
compris. Le dictionnaire
comprend une transcription
utile de chaque mot

T&P Books Publishing

CONTENU DU DICTIONNAIRE

T&P Books Publishing

T&P BOOKS

CONCEPTS DE BASE

T&P Books Publishing

1. Les pronoms

je	**εγώ**	[eɣó]
tu	**εσύ**	[esí]
il	**αυτός**	[aftós]
elle	**αυτή**	[aftí]
ça	**αυτό**	[aftó]
nous	**εμείς**	[emís]
vous	**εσείς**	[esís]

2. Adresser des vœux. Se dire bonjour

Bonjour! (fam.)	**Γεια σου!**	[ʝa su]
Bonjour! (form.)	**Γεια σας!**	[ʝa sas]
Bonjour! (le matin)	**Καλημέρα!**	[kaliméra]
Bonjour! (après-midi)	**Καλό απόγευμα!**	[kalʲó apóʝevma]
Bonsoir!	**Καλησπέρα!**	[kalispéra]
dire bonjour	**χαιρετώ**	[xeretó]
Salut!	**Γεια!**	[ʝa]
salut (m)	**χαιρετισμός** (αρ.)	[xeretizmós]
saluer (vt)	**χαιρετώ**	[xeretó]
Quoi de neuf?	**Τι νέα;**	[ti néa]
À bientôt!	**Τα λέμε σύντομα!**	[ta léme síndoma]
Adieu! (fam.)	**Αντίο!**	[adío]
Adieu! (form.)	**Αντίο σας!**	[adío sas]
dire au revoir	**αποχαιρετώ**	[apoxeretó]
Salut! (À bientôt!)	**Γεια!**	[ʝa]
Merci!	**Ευχαριστώ!**	[efxaristó]
Merci beaucoup!	**Ευχαριστώ πολύ!**	[efxaristó polí]
Je vous en prie	**Παρακαλώ**	[parakalʲó]
Il n'y a pas de quoi	**Δεν είναι τίποτα**	[ðen íne típota]
Pas de quoi	**Τίποτα**	[típota]
Excuse-moi!	**Με συγχωρείς!**	[me sinxorís]
Excusez-moi!	**Με συγχωρείτε!**	[me sinxoríte]
excuser (vt)	**συγχωρώ**	[sinxoró]
s'excuser (vp)	**ζητώ συγνώμη**	[zitó siɣnómi]
Mes excuses	**Συγνώμη**	[siɣnómi]

Pardonnez-moi!	**Με συγχωρείτε!**	[me sinxoríte]
pardonner (vt)	**συγχωρώ**	[sinxoró]
s'il vous plaît	**παρακαλώ**	[parakalʲó]
N'oubliez pas!	**Μην ξεχάσετε!**	[min ksexásete]
Bien sûr!	**Βεβαίως! Φυσικά!**	[vevéos], [fisiká]
Bien sûr que non!	**Όχι βέβαια!**	[óxi vévea]
D'accord!	**Συμφωνώ!**	[simfonó]
Ça suffit!	**Αρκετά!**	[arketá]

3. Les questions

Qui?	**Ποιος;**	[pios]
Quoi?	**Τι;**	[ti]
Où? (~ es-tu?)	**Πού;**	[pú]
Où? (~ vas-tu?)	**Πού;**	[pú]
D'où?	**Από πού;**	[apó pú]
Quand?	**Πότε;**	[póte]
Pourquoi? (~ es-tu venu?)	**Γιατί;**	[jatí]
Pourquoi? (~ t'es pâle?)	**Γιατί;**	[jatí]
À quoi bon?	**Γιατί;**	[jatí]
Comment?	**Πώς;**	[pos]
Quel? (à ~ prix?)	**Ποιος;**	[pios]
Lequel?	**Ποιος;**	[pios]
À qui? (pour qui?)	**Σε ποιον;**	[se pion]
De qui?	**Για ποιον;**	[ja pion]
De quoi?	**Για ποιο;**	[ja pio]
Avec qui?	**Με ποιον;**	[me pion]
Combien? (dénombr.)	**Πόσα;**	[pósa]
Combien? (indénombr.)	**Πόσο;**	[póso]
À qui? (~ est ce livre?)	**Ποιανού;**	[pianú]

4. Les prépositions

avec (~ toi)	**με**	[me]
sans (~ sucre)	**χωρίς**	[xorís]
à (aller ~ ...)	**σε**	[se]
de (au sujet de)	**για**	[ja]
avant (~ midi)	**πριν**	[prin]
devant (~ la maison)	**μπροστά**	[brostá]
sous (~ la commode)	**κάτω από**	[káto apó]
au-dessus de ...	**πάνω από**	[páno apó]
sur (dessus)	**σε**	[se]
de (venir ~ Paris)	**από**	[apó]

en (en bois, etc.)	**από**	[apó]
dans (~ deux heures)	**σε ...**	[se ...]
par dessus	**πάνω από**	[páno apó]

5. Les mots-outils. Les adverbes. Partie 1

Où? (~ es-tu?)	**Πού;**	[pú]
ici (c'est ~)	**εδώ**	[eðó]
là-bas (c'est ~)	**εκεί**	[ekí]
quelque part (être)	**κάπου**	[kápu]
nulle part (adv)	**πουθενά**	[puθená]
près de ...	**δίπλα**	[ðíplʲa]
près de la fenêtre	**δίπλα στο παράθυρο**	[ðíplʲa sto paráθiro]
Où? (~ vas-tu?)	**Πού;**	[pú]
ici (Venez ~)	**εδώ**	[eðó]
là-bas (j'irai ~)	**εκεί**	[ekí]
d'ici (adv)	**αποδώ**	[apoðó]
de là-bas (adv)	**αποκεί**	[apokí]
près (pas loin)	**κοντά**	[kondá]
loin (adv)	**μακριά**	[makriá]
près de (~ Paris)	**κοντά σε**	[kondá se]
tout près (adv)	**κοντά**	[kondá]
pas loin (adv)	**κοντά**	[kondá]
gauche (adj)	**αριστερός**	[aristerós]
à gauche (être ~)	**στα αριστερά**	[sta aristerá]
à gauche (tournez ~)	**αριστερά**	[aristerá]
droit (adj)	**δεξιός**	[ðeksiós]
à droite (être ~)	**στα δεξιά**	[sta ðeksiá]
à droite (tournez ~)	**δεξιά**	[ðeksiá]
devant (adv)	**μπροστά**	[brostá]
de devant (adj)	**μπροστινός**	[brostinós]
en avant (adv)	**μπροστά**	[brostá]
derrière (adv)	**πίσω**	[píso]
par derrière (adv)	**από πίσω**	[apó píso]
en arrière (regarder ~)	**πίσω**	[píso]
milieu (m)	**μέση** (θηλ.)	[mési]
au milieu (adv)	**στη μέση**	[sti mési]
de côté (vue ~)	**από το πλάι**	[apó to plʲáj]
partout (adv)	**παντού**	[pandú]

autour (adv)	**γύρω**	[ʝíro]
de l'intérieur	**από μέσα**	[apó mésa]
quelque part (aller)	**κάπου**	[kápu]
tout droit (adv)	**κατ'ευθείαν**	[katefθían]
en arrière (revenir ~)	**πίσω**	[píso]
de quelque part (n'import d'où)	**από οπουδήποτε**	[apó opuðípote]
de quelque part (on ne sait pas d'où)	**από κάπου**	[apó kápu]
premièrement (adv)	**πρώτον**	[próton]
deuxièmement (adv)	**δεύτερον**	[ðéfteron]
troisièmement (adv)	**τρίτον**	[tríton]
soudain (adv)	**ξαφνικά**	[ksafniká]
au début (adv)	**στην αρχή**	[stin arxí]
pour la première fois	**πρώτη φορά**	[próti forá]
bien avant ...	**πολύ πριν από ...**	[polí prin apó]
de nouveau (adv)	**εκ νέου**	[ek néu]
pour toujours (adv)	**για πάντα**	[ʝa pánda]
jamais (adv)	**ποτέ**	[poté]
de nouveau, encore (adv)	**πάλι**	[páli]
maintenant (adv)	**τώρα**	[tóra]
souvent (adv)	**συχνά**	[sixná]
alors (adv)	**τότε**	[tóte]
d'urgence (adv)	**επειγόντως**	[epiɣóndos]
d'habitude (adv)	**συνήθως**	[siníθos]
à propos, ...	**παρεμπιπτόντως, ...**	[parembiptóndos]
c'est possible	**πιθανόν**	[piθanón]
probablement (adv)	**πιθανόν**	[piθanón]
peut-être (adv)	**ίσως**	[ísos]
en plus, ...	**εξάλλου ...**	[ekṡálʲu]
c'est pourquoi ...	**συνεπώς**	[sinepós]
malgré ...	**παρόλο που ...**	[parólʲo pu]
grâce à ...	**χάρη σε ...**	[xári se]
quoi (pron)	**τι**	[ti]
que (conj)	**ότι**	[óti]
quelque chose (Il m'est arrivé ~)	**κάτι**	[káti]
quelque chose (peut-on faire ~)	**οτιδήποτε**	[otiðípote]
rien (m)	**τίποτα**	[típota]
qui (pron)	**ποιος**	[pios]
quelqu'un (on ne sait pas qui)	**κάποιος**	[kápios]
quelqu'un (n'importe qui)	**κάποιος**	[kápios]
personne (pron)	**κανένας**	[kanénas]

nulle part (aller ~)	**πουθενά**	[puθená]
de personne	**κανενός**	[kanenós]
de n'importe qui	**κάποιου**	[kápiu]
comme ça (adv)	**έτσι**	[étsi]
également (adv)	**επίσης**	[epísis]
aussi (adv)	**επίσης**	[epísis]

6. Les mots-outils. Les adverbes. Partie 2

Pourquoi?	**Γιατί;**	[jatí]
pour une certaine raison	**για κάποιο λόγο**	[ja kápio lʲóɣo]
parce que …	**διότι …**	[ðióti]
pour une raison quelconque	**για κάποιο λόγο**	[ja kápio lʲóɣo]
et (conj)	**και**	[ke]
ou (conj)	**ή**	[i]
mais (conj)	**μα**	[ma]
pour … (prep)	**για**	[ja]
trop (adv)	**πάρα**	[pára]
seulement (adv)	**μόνο**	[móno]
précisément (adv)	**ακριβώς**	[akrivós]
près de … (prep)	**περίπου**	[perípu]
approximativement	**κατά προσέγγιση**	[katá proséngisi]
approximatif (adj)	**προσεγγιστικός**	[prosengistikós]
presque (adv)	**σχεδόν**	[sxeðón]
reste (m)	**υπόλοιπο** (ουδ.)	[ipólipo]
chaque (adj)	**κάθε**	[káθe]
n'importe quel (adj)	**οποιοσδήποτε**	[opiozðípote]
plusieurs (pron)	**πολλοί**	[polí]
tous	**όλοι**	[óli]
en échange de …	**… σε αντάλλαγμα**	[se andálʲaɣma]
en échange (adv)	**σε αντάλλαγμα**	[se andálʲaɣma]
à la main (adv)	**με το χέρι**	[me to xéri]
peu probable (adj)	**δύσκολα**	[ðískolʲa]
probablement (adv)	**πιθανόν**	[piθanón]
exprès (adv)	**επίτηδες**	[epítiðes]
par accident (adv)	**κατά λάθος**	[katá lʲáθos]
très (adv)	**πολύ**	[polí]
par exemple (adv)	**για παράδειγμα**	[ja paráðiɣma]
entre (prep)	**μεταξύ**	[metaksí]
parmi (prep)	**ανάμεσα**	[anámesa]
autant (adv)	**τόσο πολύ**	[tóso polí]
surtout (adv)	**ιδιαίτερα**	[iðiétera]

NOMBRES. DIVERS

T&P Books Publishing

7. Les nombres cardinaux. Partie 1

zéro	**μηδέν**	[miðén]
un	**ένα**	[éna]
deux	**δύο**	[ðío]
trois	**τρία**	[tría]
quatre	**τέσσερα**	[tésera]
cinq	**πέντε**	[pénde]
six	**έξι**	[éksi]
sept	**εφτά**	[eftá]
huit	**οχτώ**	[oxtó]
neuf	**εννέα**	[enéa]
dix	**δέκα**	[ðéka]
onze	**ένδεκα**	[énðeka]
douze	**δώδεκα**	[ðóðeka]
treize	**δεκατρία**	[ðekatría]
quatorze	**δεκατέσσερα**	[ðekatésera]
quinze	**δεκαπέντε**	[ðekapénde]
seize	**δεκαέξι**	[ðekaéksi]
dix-sept	**δεκαεφτά**	[ðekaeftá]
dix-huit	**δεκαοχτώ**	[ðekaoxtó]
dix-neuf	**δεκαεννέα**	[ðekaenéa]
vingt	**είκοσι**	[íkosi]
vingt et un	**είκοσι ένα**	[íkosi éna]
vingt-deux	**είκοσι δύο**	[ikosi ðío]
vingt-trois	**είκοσι τρία**	[ikosi tría]
trente	**τριάντα**	[triánda]
trente et un	**τριάντα ένα**	[triánda éna]
trente-deux	**τριάντα δύο**	[triánda ðío]
trente-trois	**τριάντα τρία**	[triánda tría]
quarante	**σαράντα**	[saránda]
quarante et un	**σαράντα ένα**	[saránda éna]
quarante-deux	**σαράντα δύο**	[saránda ðío]
quarante-trois	**σαράντα τρία**	[saránda tría]
cinquante	**πενήντα**	[penínda]
cinquante et un	**πενήντα ένα**	[penínda éna]
cinquante-deux	**πενήντα δύο**	[penínda ðío]
cinquante-trois	**πενήντα τρία**	[penínda tría]
soixante	**εξήντα**	[eksínda]

soixante et un	**εξήντα ένα**	[eksínda éna]
soixante-deux	**εξήντα δύο**	[eksínda ðío]
soixante-trois	**εξήντα τρία**	[eksínda tría]
soixante-dix	**εβδομήντα**	[evðomínda]
soixante et onze	**εβδομήντα ένα**	[evðomínda éna]
soixante-douze	**εβδομήντα δύο**	[evðomínda ðío]
soixante-treize	**εβδομήντα τρία**	[evðomínda tría]
quatre-vingts	**ογδόντα**	[oɣðónda]
quatre-vingt et un	**ογδόντα ένα**	[oɣðónda éna]
quatre-vingt deux	**ογδόντα δύο**	[oɣðónda ðío]
quatre-vingt trois	**ογδόντα τρία**	[oɣðónda tría]
quatre-vingt-dix	**ενενήντα**	[enenínda]
quatre-vingt et onze	**ενενήντα ένα**	[enenínda éna]
quatre-vingt-douze	**ενενήντα δύο**	[enenínda ðío]
quatre-vingt-treize	**ενενήντα τρία**	[enenínda tría]

8. Les nombres cardinaux. Partie 2

cent	**εκατό**	[ekató]
deux cents	**διακόσια**	[ðiakósia]
trois cents	**τριακόσια**	[triakósia]
quatre cents	**τετρακόσια**	[tetrakósia]
cinq cents	**πεντακόσια**	[pendakósia]
six cents	**εξακόσια**	[eksakósia]
sept cents	**εφτακόσια**	[eftakósia]
huit cents	**οχτακόσια**	[oxtakósia]
neuf cents	**εννιακόσια**	[eniakósia]
mille	**χίλια**	[xília]
deux mille	**δύο χιλιάδες**	[ðío xiliáðes]
trois mille	**τρεις χιλιάδες**	[tris xiliáðes]
dix mille	**δέκα χιλιάδες**	[ðéka xiliáðes]
cent mille	**εκατό χιλιάδες**	[ekató xiliáðes]
million (m)	**εκατομμύριο** (ουδ.)	[ekatomírio]
milliard (m)	**δισεκατομμύριο** (ουδ.)	[ðisekatomírio]

9. Les nombres ordinaux

premier (adj)	**πρώτος**	[prótos]
deuxième (adj)	**δεύτερος**	[ðéfteros]
troisième (adj)	**τρίτος**	[trítos]
quatrième (adj)	**τέταρτος**	[tétartos]
cinquième (adj)	**πέμπτος**	[pémptos]
sixième (adj)	**έκτος**	[éktos]

septième (adj)	**έβδομος**	[évðomos]
huitième (adj)	**όγδοος**	[óɣðoos]
neuvième (adj)	**ένατος**	[énatos]
dixième (adj)	**δέκατος**	[ðékatos]

BOOKS

T&P

LES COULEURS.
LES UNITÉS DE MESURE

T&P Books Publishing

10. Les couleurs

couleur (f)	**χρώμα** (ουδ.)	[xróma]
teinte (f)	**απόχρωση** (θηλ.)	[apóxrosi]
ton (m)	**τόνος** (αρ.)	[tónos]
arc-en-ciel (m)	**ουράνιο τόξο** (ουδ.)	[uránio tókso]
blanc (adj)	**λευκός, άσπρος**	[lefkós], [áspros]
noir (adj)	**μαύρος**	[mávros]
gris (adj)	**γκρίζος**	[grízos]
vert (adj)	**πράσινος**	[prásinos]
jaune (adj)	**κίτρινος**	[kítrinos]
rouge (adj)	**κόκκινος**	[kókinos]
bleu (adj)	**μπλε**	[ble]
bleu clair (adj)	**γαλανός**	[ɣalʲanós]
rose (adj)	**ροζ**	[roz]
orange (adj)	**πορτοκαλί**	[portokalʲí]
violet (adj)	**βιολετί**	[violetí]
brun (adj)	**καφετής**	[kafetís]
d'or (adj)	**χρυσός**	[xrisós]
argenté (adj)	**αργυρόχροος**	[arɣiróxroos]
beige (adj)	**μπεζ**	[bez]
crème (adj)	**κρεμ**	[krem]
turquoise (adj)	**τιρκουάζ, τουρκουάζ**	[tirkuáz], [turkuáz]
rouge cerise (adj)	**βυσσινής**	[visinís]
lilas (adj)	**λιλά, λουλακής**	[lilʲá], [lʲulʲakís]
framboise (adj)	**βαθυκόκκινος**	[vaθikókinos]
clair (adj)	**ανοιχτός**	[anixtós]
foncé (adj)	**σκούρος**	[skúros]
vif (adj)	**έντονος**	[édonos]
de couleur (adj)	**έγχρωμος**	[énxromos]
en couleurs (adj)	**έγχρωμος**	[énxromos]
noir et blanc (adj)	**ασπρόμαυρος**	[asprómavros]
unicolore (adj)	**μονόχρωμος**	[monóxromos]
multicolore (adj)	**πολύχρωμος**	[políxromos]

11. Les unités de mesure

poids (m)	**βάρος** (ουδ.)	[város]
longueur (f)	**μάκρος** (ουδ.)	[mákros]

largeur (f)	**πλάτος** (ουδ.)	[plʲátos]
hauteur (f)	**ύψος** (ουδ.)	[ípsos]
profondeur (f)	**βάθος** (ουδ.)	[váθos]
volume (m)	**όγκος** (αρ.)	[óngos]
aire (f)	**εμβαδόν** (ουδ.)	[emvaðón]
gramme (m)	**γραμμάριο** (ουδ.)	[ɣramário]
milligramme (m)	**χιλιοστόγραμμο** (ουδ.)	[xiliostóɣramo]
kilogramme (m)	**κιλό** (ουδ.)	[kilʲó]
tonne (f)	**τόνος** (αρ.)	[tónos]
livre (f)	**λίβρα** (θηλ.)	[lívra]
once (f)	**ουγγιά** (θηλ.)	[ungiá]
mètre (m)	**μέτρο** (ουδ.)	[métro]
millimètre (m)	**χιλιοστό** (ουδ.)	[xiliostó]
centimètre (m)	**εκατοστό** (ουδ.)	[ekatostó]
kilomètre (m)	**χιλιόμετρο** (ουδ.)	[xiliómetro]
mille (m)	**μίλι** (ουδ.)	[míli]
pouce (m)	**ίντσα** (θηλ.)	[íntsa]
pied (m)	**πόδι** (ουδ.)	[póði]
yard (m)	**γιάρδα** (θηλ.)	[ʝárða]
mètre (m) carré	**τετραγωνικό μέτρο** (ουδ.)	[tetraɣonikó métro]
hectare (m)	**εκτάριο** (ουδ.)	[ektário]
litre (m)	**λίτρο** (ουδ.)	[lítro]
degré (m)	**βαθμός** (αρ.)	[vaθmós]
volt (m)	**βολτ** (ουδ.)	[volʲt]
ampère (m)	**αμπέρ** (ουδ.)	[ambér]
cheval-vapeur (m)	**ιπποδύναμη** (θηλ.)	[ipoðínami]
quantité (f)	**ποσότητα** (θηλ.)	[posótita]
un peu de ...	**λίγος ...**	[líɣos]
moitié (f)	**μισό** (ουδ.)	[misó]
douzaine (f)	**δωδεκάδα** (θηλ.)	[ðoðekáða]
pièce (f)	**τεμάχιο** (ουδ.)	[temáxio]
dimension (f)	**μέγεθος** (ουδ.)	[méʝeθos]
échelle (f) (de la carte)	**κλίμακα** (θηλ.)	[klímaka]
minimal (adj)	**ελάχιστος**	[elʲáxistos]
le plus petit (adj)	**μικρότερος**	[mikróteros]
moyen (adj)	**μεσαίος**	[meséos]
maximal (adj)	**μέγιστος**	[méʝistos]
le plus grand (adj)	**μεγαλύτερος**	[meɣalíteros]

12. Les récipients

bocal (m) en verre	**βάζο** (ουδ.)	[vázo]
boîte, canette (f)	**κουτί** (ουδ.)	[kutí]

seau (m)	**κουβάς** (αρ.)	[kuvás]
tonneau (m)	**βαρέλι** (ουδ.)	[varéli]
bassine, cuvette (f)	**λεκάνη** (θηλ.)	[lekáni]
cuve (f)	**δεξαμενή** (θηλ.)	[ðeksamení]
flasque (f)	**φλασκί** (ουδ.)	[flʲaskí]
jerrican (m)	**κάνιστρο** (ουδ.)	[kánistro]
citerne (f)	**δεξαμενή** (θηλ.)	[ðeksamení]
tasse (f), mug (m)	**κούπα** (θηλ.)	[kúpa]
tasse (f)	**φλιτζάνι** (ουδ.)	[flidzáni]
soucoupe (f)	**πιατάκι** (ουδ.)	[piatáki]
verre (m) (~ d'eau)	**ποτήρι** (ουδ.)	[potíri]
verre (m) à vin	**κρασοπότηρο** (ουδ.)	[krasopótiro]
faitout (m)	**κατσαρόλα** (θηλ.)	[katsarólʲa]
bouteille (f)	**μπουκάλι** (ουδ.)	[bukáli]
goulot (m)	**λαιμός** (αρ.)	[lemós]
carafe (f)	**καράφα** (θηλ.)	[karáfa]
pichet (m)	**κανάτα** (θηλ.)	[kanáta]
récipient (m)	**δοχείο** (ουδ.)	[ðoxío]
pot (m)	**πήλινο** (ουδ.)	[pílino]
vase (m)	**βάζο** (ουδ.)	[vázo]
flacon (m)	**μπουκαλάκι** (ουδ.)	[bukalʲáki]
fiole (f)	**φιαλίδιο** (ουδ.)	[fialíðio]
tube (m)	**σωληνάριο** (ουδ.)	[solinário]
sac (m) (grand ~)	**σακί, τσουβάλι** (ουδ.)	[sakí], [tsuváli]
sac (m) (~ en plastique)	**σακούλα** (θηλ.)	[sakúlʲa]
paquet (m) (~ de cigarettes)	**πακέτο** (ουδ.)	[pakéto]
boîte (f)	**κουτί** (ουδ.)	[kutí]
caisse (f)	**κιβώτιο** (ουδ.)	[kivótio]
panier (m)	**καλάθι** (ουδ.)	[kalʲáθi]

LES VERBES
LES PLUS IMPORTANTS

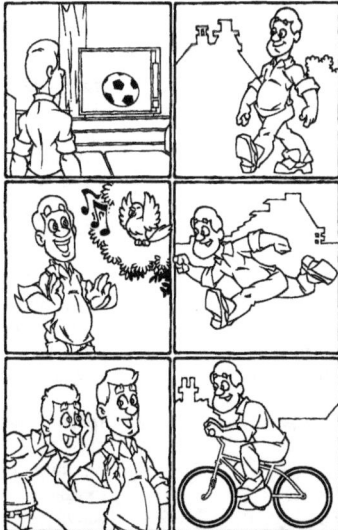

T&P Books Publishing

13. Les verbes les plus importants. Partie 1

aider (vt)	**βοηθώ**	[voiθó]
aimer (qn)	**αγαπάω**	[aɣapáo]
aller (à pied)	**πηγαίνω**	[pijéno]
apercevoir (vt)	**παρατηρώ**	[paratiró]
appartenir à …	**ανήκω σε …**	[aníko se]

appeler (au secours)	**καλώ**	[kalʲó]
attendre (vt)	**περιμένω**	[periméno]
attraper (vt)	**πιάνω**	[piáno]
avertir (vt)	**προειδοποιώ**	[proiðopió]

avoir (vt)	**έχω**	[éxo]
avoir confiance	**εμπιστεύομαι**	[embistévome]
avoir faim	**πεινάω**	[pináo]

avoir peur	**φοβάμαι**	[fováme]
avoir soif	**διψάω**	[ðipsáo]
cacher (vt)	**κρύβω**	[krívo]
casser (briser)	**σπάω**	[spáo]
cesser (vt)	**σταματώ**	[stamató]

changer (vt)	**αλλάζω**	[alʲázo]
chasser (animaux)	**κυνηγώ**	[kiniɣó]
chercher (vt)	**ψάχνω**	[psáxno]
choisir (vt)	**επιλέγω**	[epiléɣo]
commander (~ le menu)	**παραγγέλνω**	[parangélʲno]

commencer (vt)	**αρχίζω**	[arxízo]
comparer (vt)	**συγκρίνω**	[singríno]
comprendre (vt)	**καταλαβαίνω**	[katalʲavéno]
compter (dénombrer)	**υπολογίζω**	[ipolʲojízo]
compter sur …	**υπολογίζω σε …**	[ipolʲojízo se]

confondre (vt)	**μπερδεύω**	[berðévo]
connaître (qn)	**γνωρίζω**	[ɣnorízo]
conseiller (vt)	**συμβουλεύω**	[simvulévo]
continuer (vt)	**συνεχίζω**	[sinexízo]
contrôler (vt)	**ελέγχω**	[elénxo]

courir (vi)	**τρέχω**	[tréxo]
coûter (vt)	**κοστίζω**	[kostízo]
créer (vt)	**δημιουργώ**	[ðimiurɣó]
creuser (vt)	**σκάβω**	[skávo]
crier (vi)	**φωνάζω**	[fonázo]

14. Les verbes les plus importants. Partie 2

décorer (~ la maison)	στολίζω	[stolízo]
défendre (vt)	υπερασπίζω	[iperaspízo]
déjeuner (vi)	τρώω μεσημεριανό	[tróo mesimerianó]
demander (~ l'heure)	ρωτάω	[rotáo]
demander (de faire qch)	ζητώ	[zitó]
descendre (vi)	κατεβαίνω	[katevéno]
deviner (vt)	μαντεύω	[mandévo]
dîner (vi)	τρώω βραδινό	[tróo vraðinó]
dire (vt)	λέω	[léo]
diriger (~ une usine)	διευθύνω	[ðiefθíno]
discuter (vt)	συζητώ	[sizitó]
donner (vt)	δίνω	[ðíno]
donner un indice	υπαινίσσομαι	[ipenísome]
douter (vt)	αμφιβάλλω	[amfiválʲo]
écrire (vt)	γράφω	[ɣráfo]
entendre (bruit, etc.)	ακούω	[akúo]
entrer (vi)	μπαίνω	[béno]
envoyer (vt)	στέλνω	[stélʲno]
espérer (vi)	ελπίζω	[elʲpízo]
essayer (vt)	προσπαθώ	[prospaθó]
être (vi)	είμαι	[íme]
être d'accord	συμφωνώ	[simfonó]
être nécessaire	χρειάζομαι	[xriázome]
être pressé	βιάζομαι	[viázome]
étudier (vt)	μελετάω	[meletáo]
exiger (vt)	απαιτώ	[apetó]
exister (vi)	υπάρχω	[ipárxo]
expliquer (vt)	εξηγώ	[eksiɣó]
faire (vt)	κάνω	[káno]
faire tomber	ρίχνω	[ríxno]
finir (vt)	τελειώνω	[telióno]
garder (conserver)	διατηρώ	[ðiatiró]
gronder, réprimander (vt)	μαλώνω	[malʲóno]
informer (vt)	πληροφορώ	[pliroforó]
insister (vi)	επιμένω	[epiméno]
insulter (vt)	προσβάλλω	[prozválʲo]
inviter (vt)	προσκαλώ	[proskalʲó]
jouer (s'amuser)	παίζω	[pézo]

15. Les verbes les plus importants. Partie 3

libérer (ville, etc.)	**απελευθερώνω**	[apelefθeróno]
lire (vi, vt)	**διαβάζω**	[ðiavázo]
louer (prendre en location)	**νοικιάζω**	[nikiázo]
manquer (l'école)	**απουσιάζω**	[apusiázo]
menacer (vt)	**απειλώ**	[apilʲó]
mentionner (vt)	**αναφέρω**	[anaféro]
montrer (vt)	**δείχνω**	[ðíxno]
nager (vi)	**κολυμπώ**	[kolibó]
objecter (vt)	**αντιλέγω**	[andiléɣo]
observer (vt)	**παρατηρώ**	[paratiró]
ordonner (mil.)	**διατάζω**	[ðiatázo]
oublier (vt)	**ξεχνάω**	[ksexnáo]
ouvrir (vt)	**ανοίγω**	[aníɣo]
pardonner (vt)	**συγχωρώ**	[sinxoró]
parler (vi, vt)	**μιλάω**	[milʲáo]
participer à ...	**συμμετέχω**	[simetéxo]
payer (régler)	**πληρώνω**	[pliróno]
penser (vi, vt)	**σκέφτομαι**	[skéftome]
permettre (vt)	**επιτρέπω**	[epitrépo]
plaire (être apprécié)	**μου αρέσει**	[mu arési]
plaisanter (vi)	**αστειεύομαι**	[astiévome]
planifier (vt)	**σχεδιάζω**	[sxeðiázo]
pleurer (vi)	**κλαίω**	[kléo]
posséder (vt)	**κατέχω**	[katéxo]
pouvoir (v aux)	**μπορώ**	[boró]
préférer (vt)	**προτιμώ**	[protimó]
prendre (vt)	**παίρνω**	[pérno]
prendre en note	**σημειώνω**	[simióno]
prendre le petit déjeuner	**παίρνω πρωινό**	[pérno proinó]
préparer (le dîner)	**μαγειρεύω**	[majirévo]
prévoir (vt)	**προβλέπω**	[provlépo]
prier (~ Dieu)	**προσεύχομαι**	[proséfxome]
promettre (vt)	**υπόσχομαι**	[ipósxome]
prononcer (vt)	**προφέρω**	[proféro]
proposer (vt)	**προτείνω**	[protíno]
punir (vt)	**τιμωρώ**	[timoró]

16. Les verbes les plus importants. Partie 4

recommander (vt)	**προτείνω**	[protíno]
regretter (vt)	**λυπάμαι**	[lipáme]

répéter (dire encore)	**επαναλαμβάνω**	[epanalʲamváno]
répondre (vi, vt)	**απαντώ**	[apandó]
réserver (une chambre)	**κλείνω**	[klíno]
rester silencieux	**σιωπώ**	[siopó]
réunir (regrouper)	**ενώνω**	[enóno]
rire (vi)	**γελάω**	[ʝelʲáo]
s'arrêter (vp)	**σταματάω**	[stamatáo]
s'asseoir (vp)	**κάθομαι**	[káθome]
sauver (la vie à qn)	**σώζω**	[sózo]
savoir (qch)	**ξέρω**	[kséro]
se baigner (vp)	**κάνω μπάνιο**	[káno bánio]
se plaindre (vp)	**παραπονιέμαι**	[paraponiéme]
se refuser (vp)	**αρνούμαι**	[arnúme]
se tromper (vp)	**κάνω λάθος**	[káno lʲáθos]
se vanter (vp)	**καυχιέμαι**	[kafxiéme]
s'étonner (vp)	**εκπλήσσομαι**	[ekplísome]
s'excuser (vp)	**ζητώ συγνώμη**	[zitó siɣnómi]
signer (vt)	**υπογράφω**	[ipoɣráfo]
signifier (vt)	**σημαίνω**	[siméno]
s'intéresser (vp)	**ενδιαφέρομαι**	[enðiaférome]
sortir (aller dehors)	**βγαίνω**	[vʝéno]
sourire (vi)	**χαμογελάω**	[xamoʝelʲáo]
sous-estimer (vt)	**υποτιμώ**	[ipotimó]
suivre ... (suivez-moi)	**ακολουθώ**	[akolʲuθó]
tirer (vi)	**πυροβολώ**	[pirovolʲó]
tomber (vi)	**πέφτω**	[péfto]
toucher (avec les mains)	**αγγίζω**	[angízo]
tourner (~ à gauche)	**στρίβω**	[strívo]
traduire (vt)	**μεταφράζω**	[metafrázo]
travailler (vi)	**δουλεύω**	[ðulévo]
tromper (vt)	**εξαπατώ**	[eksapató]
trouver (vt)	**βρίσκω**	[vrísko]
tuer (vt)	**σκοτώνω**	[skotóno]
vendre (vt)	**πουλώ**	[pulʲó]
venir (vi)	**έρχομαι**	[érxome]
voir (vt)	**βλέπω**	[vlépo]
voler (avion, oiseau)	**πετάω**	[petáo]
voler (qch à qn)	**κλέβω**	[klévo]
vouloir (vt)	**θέλω**	[θélʲo]

LA NOTION DE TEMPS. LE CALENDRIER

T&P Books Publishing

17. Les jours de la semaine

lundi (m)	**Δευτέρα** (θηλ.)	[ðeftéra]
mardi (m)	**Τρίτη** (θηλ.)	[tríti]
mercredi (m)	**Τετάρτη** (θηλ.)	[tetárti]
jeudi (m)	**Πέμπτη** (θηλ.)	[pémpti]
vendredi (m)	**Παρασκευή** (θηλ.)	[paraskeví]
samedi (m)	**Σάββατο** (ουδ.)	[sávato]
dimanche (m)	**Κυριακή** (θηλ.)	[kiriakí]
aujourd'hui (adv)	**σήμερα**	[símera]
demain (adv)	**αύριο**	[ávrio]
après-demain (adv)	**μεθαύριο**	[meθávrio]
hier (adv)	**χθες, χτες**	[xθes], [xtes]
avant-hier (adv)	**προχτές**	[proxtés]
jour (m)	**μέρα, ημέρα** (θηλ.)	[méra], [iméra]
jour (m) ouvrable	**εργάσιμη μέρα** (θηλ.)	[erɣásimi méra]
jour (m) férié	**αργία** (θηλ.)	[arʝía]
jour (m) de repos	**ρεπό** (ουδ.)	[repó]
week-end (m)	**σαββατοκύριακο** (ουδ.)	[savatokíriako]
toute la journée	**όλη μέρα**	[óli méra]
le lendemain	**την επόμενη μέρα**	[tinepómeni méra]
il y a 2 jours	**δύο μέρες πριν**	[ðío méres prin]
la veille	**την παραμονή**	[tin paramoní]
quotidien (adj)	**καθημερινός**	[kaθimerinós]
tous les jours	**καθημερινά**	[kaθimeriná]
semaine (f)	**εβδομάδα** (θηλ.)	[evðomáða]
la semaine dernière	**την προηγούμενη εβδομάδα**	[tin proiɣúmeni evðomáda]
la semaine prochaine	**την επόμενη εβδομάδα**	[tin epómeni evðomáda]
hebdomadaire (adj)	**εβδομαδιαίος**	[evðomaðiéos]
chaque semaine	**εβδομαδιαία**	[evðomaðiéa]
2 fois par semaine	**δύο φορές την εβδομάδα**	[dío forés tinevðomáda]
tous les mardis	**κάθε Τρίτη**	[káθe tríti]

18. Les heures. Le jour et la nuit

matin (m)	**πρωί** (ουδ.)	[proí]
le matin	**το πρωί**	[to proí]
midi (m)	**μεσημέρι**	[mesiméri]
dans l'après-midi	**το απόγευμα**	[to apóʝevma]

soir (m)	**βράδυ** (ουδ.)	[vráði]
le soir	**το βράδυ**	[to vráði]
nuit (f)	**νύχτα** (θηλ.)	[níxta]
la nuit	**τη νύχτα**	[ti níxta]
minuit (f)	**μεσάνυχτα** (ουδ.πλ.)	[mesánixta]
seconde (f)	**δευτερόλεπτο** (ουδ.)	[ðefterólepto]
minute (f)	**λεπτό** (ουδ.)	[leptó]
heure (f)	**ώρα** (θηλ.)	[óra]
demi-heure (f)	**μισή ώρα** (θηλ.)	[misí óra]
un quart d'heure	**τέταρτο** (ουδ.)	[tétarto]
quinze minutes	**δεκαπέντε λεπτά**	[ðekapénde leptá]
vingt-quatre heures	**εικοσιτετράωρο** (ουδ.)	[ikositetráoro]
lever (m) du soleil	**ανατολή** (θηλ.)	[anatolí]
aube (f)	**ξημέρωμα** (ουδ.)	[ksiméroma]
point (m) du jour	**νωρίς το πρωί** (ουδ.)	[norís to proí]
coucher (m) du soleil	**ηλιοβασίλεμα** (ουδ.)	[iliovasílema]
tôt le matin	**νωρίς το πρωί**	[norís to proí]
ce matin	**σήμερα το πρωί**	[símera to proí]
demain matin	**αύριο το πρωί**	[ávrio to proí]
cet après-midi	**σήμερα το απόγευμα**	[símera to apójevma]
dans l'après-midi	**το απόγευμα**	[to apójevma]
demain après-midi	**αύριο το απόγευμα**	[ávrio to apójevma]
ce soir	**απόψε**	[apópse]
demain soir	**αύριο το βράδυ**	[ávrio to vráði]
à 3 heures précises	**στις τρεις ακριβώς**	[stis tris akrivós]
autour de 4 heures	**στις τέσσερις περίπου**	[stis téseris perípu]
vers midi	**μέχρι τις δώδεκα**	[méxri tis ðóðeka]
dans 20 minutes	**σε είκοσι λεπτά**	[se íkosi leptá]
dans une heure	**σε μια ώρα**	[se mia óra]
à temps	**έγκαιρα**	[éngera]
... moins le quart	**παρά τέταρτο**	[pará tétarto]
en une heure	**μέσα σε μια ώρα**	[mésa se mia óra]
tous les quarts d'heure	**κάθε δεκαπέντε λεπτά**	[káθe ðekapénde leptá]
24 heures sur 24	**όλο το εικοσιτετράωρο**	[ólʲo to ikositetráoro]

19. Les mois. Les saisons

janvier (m)	**Ιανουάριος** (αρ.)	[januários]
février (m)	**Φεβρουάριος** (αρ.)	[fevruários]
mars (m)	**Μάρτιος** (αρ.)	[mártios]
avril (m)	**Απρίλιος** (αρ.)	[aprílios]

mai (m)	**Μάιος** (αρ.)	[májos]
juin (m)	**Ιούνιος** (αρ.)	[iúnios]
juillet (m)	**Ιούλιος** (αρ.)	[iúlios]
août (m)	**Αύγουστος** (αρ.)	[ávɣustos]
septembre (m)	**Σεπτέμβριος** (αρ.)	[septémvrios]
octobre (m)	**Οκτώβριος** (αρ.)	[októvrios]
novembre (m)	**Νοέμβριος** (αρ.)	[noémvrios]
décembre (m)	**Δεκέμβριος** (αρ.)	[ðekémvrios]
printemps (m)	**άνοιξη** (θηλ.)	[ániksi]
au printemps	**την άνοιξη**	[tin ániksi]
de printemps (adj)	**ανοιξιάτικος**	[aniksiátikos]
été (m)	**καλοκαίρι** (ουδ.)	[kalʲokéri]
en été	**το καλοκαίρι**	[to kalʲokéri]
d'été (adj)	**καλοκαιρινός**	[kalʲokerinós]
automne (m)	**φθινόπωρο** (ουδ.)	[fθinóporo]
en automne	**το φθινόπωρο**	[to fθinóporo]
d'automne (adj)	**φθινοπωρινός**	[fθinoporinós]
hiver (m)	**χειμώνας** (αρ.)	[ximónas]
en hiver	**το χειμώνα**	[to ximóna]
d'hiver (adj)	**χειμωνιάτικος**	[ximoniátikos]
mois (m)	**μήνας** (αρ.)	[mínas]
ce mois	**αυτόν το μήνα**	[aftón to mína]
le mois prochain	**τον επόμενο μήνα**	[ton epómeno mína]
le mois dernier	**τον προηγούμενο μήνα**	[ton proiɣúmeno mína]
il y a un mois	**ένα μήνα πριν**	[éna mína prin]
dans un mois	**σε ένα μήνα**	[se éna mína]
dans 2 mois	**σε δύο μήνες**	[se ðío mínes]
tout le mois	**ολόκληρος μήνας**	[olʲókliros mínas]
tout un mois	**ολόκληρος ο μήνας**	[olʲókliros o mínas]
mensuel (adj)	**μηνιαίος**	[miniéos]
mensuellement	**μηνιαία**	[miniéa]
chaque mois	**κάθε μήνα**	[káθe mína]
2 fois par mois	**δύο φορές το μήνα**	[ðío forés tomína]
année (f)	**χρόνος** (αρ.)	[xrónos]
cette année	**φέτος**	[fétos]
l'année prochaine	**του χρόνου**	[tu xrónu]
l'année dernière	**πέρσι**	[pérsi]
il y a un an	**ένα χρόνο πριν**	[éna xróno prin]
dans un an	**σε ένα χρόνο**	[se éna xróno]
dans 2 ans	**σε δύο χρόνια**	[se ðío xrónia]
toute l'année	**ολόκληρος χρόνος**	[olʲókliros oxrónos]
toute une année	**ολόκληρος ο χρόνος**	[olʲókliros o xrónos]

chaque année	**κάθε χρόνο**	[káθe xróno]
annuel (adj)	**ετήσιος**	[etísios]
annuellement	**ετήσια**	[etísia]
4 fois par an	**τέσσερις φορές το χρόνο**	[teseris forés toxróno]
date (f) (jour du mois)	**ημερομηνία** (θηλ.)	[imerominía]
date (f) (~ mémorable)	**ημερομηνία** (θηλ.)	[imerominía]
calendrier (m)	**ημερολόγιο** (ουδ.)	[imerolʲóʝo]
six mois	**μισός χρόνος**	[misós xrónos]
semestre (m)	**εξάμηνο** (ουδ.)	[eksámino]
saison (f)	**εποχή** (θηλ.)	[epoxí]
siècle (m)	**αιώνας** (αρ.)	[eónas]

T&P BOOKS

LES VOYAGES. L'HÔTEL

USD CAD
EUR CHF
JPY HKD
GBP CNY

RECEPTION

T&P Books Publishing

20. Les voyages. Les excursions

tourisme (m)	**τουρισμός** (αρ.)	[turizmós]
touriste (m)	**τουρίστας** (αρ.)	[turístas]
voyage (m) (à l'étranger)	**ταξίδι** (ουδ.)	[taksíði]
aventure (f)	**περιπέτεια** (θηλ.)	[peripétia]
voyage (m)	**ταξίδι** (ουδ.)	[taksíði]
vacances (f pl)	**διακοπές** (θηλ.πλ.)	[ðiakopés]
être en vacances	**είμαι σε διακοπές**	[íme se ðiakopés]
repos (m) (jours de ~)	**διακοπές** (πλ.)	[ðiakopés]
train (m)	**τραίνο, τρένο** (ουδ.)	[tréno]
en train	**με τρένο**	[me tréno]
avion (m)	**αεροπλάνο** (ουδ.)	[aeroplʲáno]
en avion	**με αεροπλάνο**	[me aeroplʲáno]
en voiture	**με αυτοκίνητο**	[me aftokínito]
en bateau	**με καράβι**	[me karávi]
bagage (m)	**αποσκευές** (θηλ.πλ.)	[aposkevés]
malle (f)	**βαλίτσα** (θηλ.)	[valítsa]
chariot (m)	**καρότσι αποσκευών** (ουδ.)	[karótsi aposkevón]
passeport (m)	**διαβατήριο** (ουδ.)	[ðiavatírio]
visa (m)	**βίζα** (θηλ.)	[víza]
ticket (m)	**εισιτήριο** (ουδ.)	[isitírio]
billet (m) d'avion	**αεροπορικό εισιτήριο** (ουδ.)	[aeroporikó isitírio]
guide (m) (livre)	**ταξιδιωτικός οδηγός** (αρ.)	[taksiðiotikós oðiɣós]
carte (f)	**χάρτης** (αρ.)	[xártis]
région (f) (~ rurale)	**περιοχή** (θηλ.)	[perioxí]
endroit (m)	**τόπος** (αρ.)	[tópos]
exotisme (m)	**εξωτικά πράγματα** (ουδ.πλ.)	[eksotiká práɣmata]
exotique (adj)	**εξωτικός**	[eksotikós]
étonnant (adj)	**καταπληκτικός**	[katapliktikós]
groupe (m)	**ομάδα** (θηλ.)	[omáða]
excursion (f)	**εκδρομή** (θηλ.)	[ekðromí]
guide (m) (personne)	**ξεναγός** (αρ.)	[ksenaɣós]

21. L'hôtel

hôtel (m)	**ξενοδοχείο** (ουδ.)	[ksenoðoxío]
motel (m)	**μοτέλ** (ουδ.)	[motélʲ]

3 étoiles	**τριών αστέρων**	[trión astéron]
5 étoiles	**πέντε αστέρων**	[pénde astéron]
descendre (à l'hôtel)	**μένω**	[méno]
chambre (f)	**δωμάτιο** (ουδ.)	[ðomátio]
chambre (f) simple	**μονόκλινο δωμάτιο** (ουδ.)	[monóklino ðomátio]
chambre (f) double	**δίκλινο δωμάτιο** (ουδ.)	[ðíklino ðomátio]
réserver une chambre	**κλείνω δωμάτιο**	[klíno ðomátio]
demi-pension (f)	**ημιδιατροφή** (θηλ.)	[imiðiatrofí]
pension (f) complète	**πλήρης διατροφή** (θηλ.)	[plíris ðiatrofí]
avec une salle de bain	**με μπανιέρα**	[me baniéra]
avec une douche	**με ντουζ**	[me dúz]
télévision (f) par satellite	**δορυφορική τηλεόραση** (θηλ.)	[ðoriforikí tileórasi]
climatiseur (m)	**κλιματιστικό** (ουδ.)	[klimatistikó]
serviette (f)	**πετσέτα** (θηλ.)	[petséta]
clé (f)	**κλειδί** (ουδ.)	[kliðí]
administrateur (m)	**υπεύθυνος** (αρ.)	[ipéfθinos]
femme (f) de chambre	**καμαριέρα** (θηλ.)	[kamariéra]
porteur (m)	**αχθοφόρος** (αρ.)	[axθofóros]
portier (m)	**πορτιέρης** (αρ.)	[portiéris]
restaurant (m)	**εστιατόριο** (ουδ.)	[estiatório]
bar (m)	**μπαρ** (ουδ.), **μπυραρία** (θηλ.)	[bar], [biraría]
petit déjeuner (m)	**πρωινό** (ουδ.)	[proinó]
dîner (m)	**δείπνο** (ουδ.)	[ðípno]
buffet (m)	**μπουφές** (αρ.)	[bufés]
hall (m)	**φουαγιέ** (ουδ.)	[fuaʝé]
ascenseur (m)	**ασανσέρ** (ουδ.)	[asansér]
PRIÈRE DE NE PAS DÉRANGER	**ΜΗΝ ΕΝΟΧΛΕΙΤΕ!**	[min enoxlíte]
DÉFENSE DE FUMER	**ΑΠΑΓΟΡΕΥΕΤΑΙ ΤΟ ΚΑΠΝΙΣΜΑ**	[apaɣorévete to kápnizma]

22. Le tourisme

monument (m)	**μνημείο** (ουδ.)	[mnimío]
forteresse (f)	**φρούριο** (ουδ.)	[frúrio]
palais (m)	**παλάτι** (ουδ.)	[palʲáti]
château (m)	**κάστρο** (ουδ.)	[kástro]
tour (f)	**πύργος** (αρ.)	[pírɣos]
mausolée (m)	**μαυσωλείο** (ουδ.)	[mafsolío]
architecture (f)	**αρχιτεκτονική** (θηλ.)	[arxitektonikí]
médiéval (adj)	**μεσαιωνικός**	[meseonikós]

ancien (adj)	**αρχαίος**	[arxéos]
national (adj)	**εθνικός**	[eθnikós]
connu (adj)	**διάσημος**	[ðiásimos]
touriste (m)	**τουρίστας** (αρ.)	[turístas]
guide (m) (personne)	**ξεναγός** (αρ.)	[ksenaɣós]
excursion (f)	**εκδρομή** (θηλ.)	[ekðromí]
montrer (vt)	**δείχνω**	[ðíxno]
raconter (une histoire)	**διηγούμαι**	[ðiiɣúme]
trouver (vt)	**βρίσκω**	[vrísko]
se perdre (vp)	**χάνομαι**	[xánome]
plan (m) (du metro, etc.)	**χάρτης** (αρ.)	[xártis]
carte (f) (de la ville, etc.)	**χάρτης** (αρ.)	[xártis]
souvenir (m)	**ενθύμιο** (ουδ.)	[enθímio]
boutique (f) de souvenirs	**κατάστημα με είδη δώρων** (ουδ.)	[katástima me ídi ðóron]
prendre en photo	**φωτογραφίζω**	[fotoɣrafízo]
se faire prendre en photo	**βγαίνω φωτογραφία**	[vʝéno fotoɣrafía]

T&P BOOKS

LES TRANSPORTS

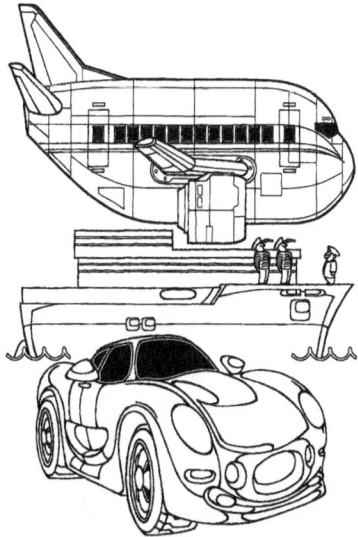

T&P Books Publishing

23. L'aéroport

aéroport (m)	**αεροδρόμιο** (ουδ.)	[aeroðrómio]
avion (m)	**αεροπλάνο** (ουδ.)	[aeroplʲáno]
compagnie (f) aérienne	**αεροπορική εταιρεία** (θηλ.)	[aeroporikí etería]
contrôleur (m) aérien	**ελεγκτής εναέριας κυκλοφορίας** (αρ.)	[elengtís enaérias kiklʲoforías]
départ (m)	**αναχώρηση** (θηλ.)	[anaxórisi]
arrivée (f)	**άφιξη** (θηλ.)	[áfiksi]
arriver (par avion)	**φτάνω**	[ftáno]
temps (m) de départ	**ώρα αναχώρησης** (θηλ.)	[ora anaxórisis]
temps (m) d'arrivée	**ώρα άφιξης** (θηλ.)	[óra áfiksis]
être retardé	**καθυστερώ**	[kaθisteró]
retard (m) de l'avion	**καθυστέρηση πτήσης** (θηλ.)	[kaθistérisi ptísis]
tableau (m) d'informations	**πίνακας πληροφοριών** (αρ.)	[pínakas pliroforión]
information (f)	**πληροφορίες** (θηλ.πλ.)	[pliroforíes]
annoncer (vt)	**ανακοινώνω**	[anakinóno]
vol (m)	**πτήση** (θηλ.)	[ptísi]
douane (f)	**τελωνείο** (ουδ.)	[telʲonío]
douanier (m)	**τελωνειακός** (αρ.)	[telʲoniakós]
déclaration (f) de douane	**τελωνειακή διασάφηση** (θηλ.)	[telʲoniakí ðiasáfisi]
remplir la déclaration	**συμπληρώνω τη δήλωση**	[simbliróno ti ðílʲosi]
contrôle (m) de passeport	**έλεγχος διαβατηρίων** (αρ.)	[élenxos ðiavatiríon]
bagage (m)	**αποσκευές** (θηλ.πλ.)	[aposkevés]
bagage (m) à main	**χειραποσκευή** (θηλ.)	[xiraposkeví]
chariot (m)	**καρότσι αποσκευών** (ουδ.)	[karótsi aposkevón]
atterrissage (m)	**προσγείωση** (θηλ.)	[prozʝíosi]
piste (f) d'atterrissage	**διάδρομος προσγείωσης** (αρ.)	[ðiáðromos prozʝíosis]
atterrir (vi)	**προσγειώνομαι**	[prozʝiónome]
escalier (m) d'avion	**σκάλα αεροσκάφους** (θηλ.)	[skálʲa aeroskáfus]
enregistrement (m)	**check-in** (ουδ.)	[ʧek-in]
comptoir (m) d'enregistrement	**πάγκος ελέγχου εισητηρίων** (αρ.)	[pángos elénxu isitiríon]

s'enregistrer (vp)	**κάνω check-in**	[káno ʧek-in]
carte (f) d'embarquement	**κάρτα επιβίβασης** (θηλ.)	[kárta epivívasis]
porte (f) d'embarquement	**πύλη αναχώρησης** (θηλ.)	[píli anaxórisis]

transit (m)	**διέλευση** (θηλ.)	[ðiélefsi]
attendre (vt)	**περιμένω**	[periméno]
salle (f) d'attente	**αίθουσα αναχώρησης** (θηλ.)	[éθusa anaxórisis]
raccompagner (à l'aéroport, etc.)	**συνοδεύω**	[sinoðévo]
dire au revoir	**αποχαιρετώ**	[apoxeretó]

24. L'avion

avion (m)	**αεροπλάνο** (ουδ.)	[aeroplʲáno]
billet (m) d'avion	**αεροπορικό εισιτήριο** (ουδ.)	[aeroporikó isitírio]
compagnie (f) aérienne	**αεροπορική εταιρεία** (θηλ.)	[aeroporikí etería]
aéroport (m)	**αεροδρόμιο** (ουδ.)	[aeroðrómio]
supersonique (adj)	**υπερηχητικός**	[iperixitikós]

commandant (m) de bord	**κυβερνήτης** (αρ.)	[kivernítis]
équipage (m)	**πλήρωμα** (ουδ.)	[plíroma]
pilote (m)	**πιλότος** (αρ.)	[pilʲótos]
hôtesse (f) de l'air	**αεροσυνοδός** (θηλ.)	[aerosinoðós]
navigateur (m)	**πλοηγός** (αρ.)	[plʲoiɣós]

ailes (f pl)	**φτερά** (ουδ.πλ.)	[fterá]
queue (f)	**ουρά** (θηλ.)	[urá]
cabine (f)	**πιλοτήριο** (ουδ.)	[pilʲotírio]
moteur (m)	**κινητήρας** (αρ.)	[kinitíras]
train (m) d'atterrissage	**σύστημα προσγείωσης** (ουδ.)	[sístima prosʝíosis]
turbine (f)	**στρόβιλος** (αρ.)	[stróvilʲos]

hélice (f)	**έλικας** (αρ.)	[élikas]
boîte (f) noire	**μαύρο κουτί** (ουδ.)	[mávro kutí]
gouvernail (m)	**πηδάλιο** (ουδ.)	[piðálio]
carburant (m)	**καύσιμο** (ουδ.)	[káfsimo]

consigne (f) de sécurité	**οδηγίες ασφαλείας** (θηλ.πλ.)	[oðiʝíes asfalías]
masque (m) à oxygène	**μάσκα οξυγόνου** (θηλ.)	[máska oksiɣónu]
uniforme (m)	**στολή** (θηλ.)	[stolí]
gilet (m) de sauvetage	**σωσίβιο γιλέκο** (ουδ.)	[sosívio ʝiléko]
parachute (m)	**αλεξίπτωτο** (ουδ.)	[aleksíptoto]
décollage (m)	**απογείωση** (θηλ.)	[apoʝíosi]
décoller (vi)	**απογειώνομαι**	[apoʝiónome]
piste (f) de décollage	**διάδρομος απογείωσης** (αρ.)	[ðiáðromos apoʝíosis]

visibilité (f)	**ορατότητα** (θηλ.)	[oratótita]
vol (m) (~ d'oiseau)	**πέταγμα** (ουδ.)	[pétaɣma]
altitude (f)	**ύψος** (ουδ.)	[ípsos]
trou (m) d'air	**κενό αέρος** (ουδ.)	[kenó aéros]
place (f)	**θέση** (θηλ.)	[θési]
écouteurs (m pl)	**ακουστικά** (ουδ.πλ.)	[akustiká]
tablette (f)	**πτυσσόμενο τραπεζάκι** (ουδ.)	[ptisómeno trapezáki]
hublot (m)	**παράθυρο** (ουδ.)	[paráθiro]
couloir (m)	**διάδρομος** (αρ.)	[ðiáðromos]

25. Le train

train (m)	**τραίνο, τρένο** (ουδ.)	[tréno]
train (m) de banlieue	**περιφερειακό τρένο** (ουδ.)	[periferiakó tréno]
TGV (m)	**τρένο εξπρές** (ουδ.)	[tréno eksprés]
locomotive (f) diesel	**αμαξοστοιχία ντίζελ** (θηλ.)	[amaksostixía dízelʲ]
locomotive (f) à vapeur	**ατμάμαξα** (θηλ.)	[atmámaksa]
wagon (m)	**βαγόνι** (ουδ.)	[vaɣóni]
wagon-restaurant (m)	**εστιατόριο** (ουδ.)	[estiatório]
rails (m pl)	**ράγες** (θηλ.πλ.)	[rájes]
chemin (m) de fer	**σιδηρόδρομος** (αρ.)	[siðiróðromos]
traverse (f)	**στρωτήρας** (αρ.)	[strotíras]
quai (m)	**πλατφόρμα** (θηλ.)	[plʲatfórma]
voie (f)	**αποβάθρα** (θηλ.)	[apováθra]
sémaphore (m)	**σηματοδότης** (αρ.)	[simatoðótis]
station (f)	**σταθμός** (αρ.)	[staθmós]
conducteur (m) de train	**οδηγός τρένου** (αρ.)	[oðiɣós trénu]
porteur (m)	**αχθοφόρος** (αρ.)	[axθofóros]
steward (m)	**συνοδός** (αρ.)	[sinoðós]
passager (m)	**επιβάτης** (αρ.)	[epivátis]
contrôleur (m) de billets	**ελεγκτής εισιτηρίων** (αρ.)	[elengtís isitiríon]
couloir (m)	**διάδρομος** (αρ.)	[ðiáðromos]
frein (m) d'urgence	**φρένο έκτακτης ανάγκης** (ουδ.)	[fréno éktaktis anángis]
compartiment (m)	**κουπέ** (ουδ.)	[kupé]
couchette (f)	**κουκέτα** (θηλ.)	[kukéta]
couchette (f) d'en haut	**πάνω κουκέτα** (θηλ.)	[páno kukéta]
couchette (f) d'en bas	**κάτω κουκέτα** (θηλ.)	[káto kukéta]
linge (m) de lit	**σεντόνια** (ουδ.πλ.)	[sendónia]
ticket (m)	**εισιτήριο** (ουδ.)	[isitírio]
horaire (m)	**δρομολόγιο** (ουδ.)	[ðromolʲójo]

tableau (m) d'informations	**πίνακας πληροφοριών** (αρ.)	[pínakas pliroforión]
partir (vi)	**αναχωρώ**	[anaxoró]
départ (m) (du train)	**αναχώρηση** (θηλ.)	[anaxórisi]
arriver (le train)	**φτάνω**	[ftáno]
arrivée (f)	**άφιξη** (θηλ.)	[áfiksi]
arriver en train	**έρχομαι με τρένο**	[érxome me tréno]
prendre le train	**ανεβαίνω στο τρένο**	[anevéno sto tréno]
descendre du train	**κατεβαίνω από το τρένο**	[katevéno apó to tréno]
accident (m) ferroviaire	**πρόσκρουση τρένου** (θηλ.)	[próskrusi trénu]
chauffeur (m)	**θερμαστής** (αρ.)	[θermastís]
chauffe (f)	**θάλαμο καύσης** (ουδ.)	[θálʲamo káfsis]
charbon (m)	**κάρβουνο** (ουδ.)	[kárvuno]

26. Le bateau

bateau (m)	**πλοίο** (ουδ.)	[plío]
navire (m)	**σκάφος** (ουδ.)	[skáfos]
bateau (m) à vapeur	**ατμόπλοιο** (ουδ.)	[atmóplio]
paquebot (m)	**ποταμόπλοιο** (ουδ.)	[potamóplio]
bateau (m) de croisière	**κρουαζιερόπλοιο** (ουδ.)	[kruazieróplio]
croiseur (m)	**καταδρομικό** (ουδ.)	[kataðromikó]
yacht (m)	**κότερο** (ουδ.)	[kótero]
remorqueur (m)	**ρυμουλκό** (ουδ.)	[rimulʲkó]
péniche (f)	**φορτηγίδα** (θηλ.)	[fortijíða]
ferry (m)	**φέρι μποτ** (ουδ.)	[féri bot]
voilier (m)	**ιστιοφόρο** (ουδ.)	[istiofóro]
brigantin (m)	**βριγαντίνο** (ουδ.)	[vriɣantíno]
brise-glace (m)	**παγοθραυστικό** (ουδ.)	[paɣoθrafstikó]
sous-marin (m)	**υποβρύχιο** (ουδ.)	[ipovríxo]
canot (m) à rames	**βάρκα** (θηλ.)	[várka]
dinghy (m)	**λέμβος** (θηλ.)	[lémvos]
canot (m) de sauvetage	**σωσίβια λέμβος** (θηλ.)	[sosívia lémvos]
canot (m) à moteur	**ταχύπλοο** (ουδ.)	[taxíplʲoo]
capitaine (m)	**καπετάνιος** (αρ.)	[kapetánios]
matelot (m)	**ναύτης** (αρ.)	[náftis]
marin (m)	**ναυτικός** (αρ.)	[naftikós]
équipage (m)	**πλήρωμα** (ουδ.)	[plíroma]
maître (m) d'équipage	**λοστρόμος** (αρ.)	[lʲostrómos]
mousse (m)	**μούτσος** (αρ.)	[mútsos]
cuisinier (m) du bord	**μάγειρας** (αρ.)	[májiras]

médecin (m) de bord	ιατρός πλοίου (αρ.)	[jatrós plíu]
pont (m)	κατάστρωμα (ουδ.)	[katástroma]
mât (m)	κατάρτι (ουδ.)	[katárti]
voile (f)	ιστίο (ουδ.)	[istío]

cale (f)	αμπάρι (ουδ.)	[ambári]
proue (f)	πλώρη (θηλ.)	[plóri]
poupe (f)	πρύμνη (θηλ.)	[prímni]
rame (f)	κουπί (ουδ.)	[kupí]
hélice (f)	προπέλα (θηλ.)	[propélʲa]

cabine (f)	καμπίνα (θηλ.)	[kabína]
carré (m) des officiers	αίθουσα αξιωματικών (ουδ.)	[éθusa aksiomatikón]
salle (f) des machines	μηχανοστάσιο (ουδ.)	[mixanostásio]
passerelle (f)	γέφυρα (θηλ.)	[jéfira]
cabine (f) de T.S.F.	θάλαμος επικοινωνιών (αρ.)	[θálamos epikinonión]
onde (f)	κύμα (ουδ.)	[kíma]
journal (m) de bord	ημερολόγιο πλοίου (ουδ.)	[imerolʲójo plíu]

longue-vue (f)	κυάλι (ουδ.)	[kiáli]
cloche (f)	καμπάνα (θηλ.)	[kabána]
pavillon (m)	σημαία (θηλ.)	[siméa]

| grosse corde (f) tressée | παλαμάρι (ουδ.) | [palʲamári] |
| nœud (m) marin | κόμβος (αρ.) | [kómvos] |

| rampe (f) | κουπαστή (θηλ.) | [kupastí] |
| passerelle (f) | σκάλα επιβιβάσεως (θηλ.) | [skálʲa epiviváseos] |

ancre (f)	άγκυρα (θηλ.)	[ángira]
lever l'ancre	σηκώνω άγκυρα	[sikóno ángira]
jeter l'ancre	ρίχνω άγκυρα	[ríxno ángira]
chaîne (f) d'ancrage	αλυσίδα της άγκυρας (θηλ.)	[alisíða tis ángiras]

port (m)	λιμάνι (ουδ.)	[limáni]
embarcadère (m)	προβλήτα (θηλ.)	[provlíta]
accoster (vi)	αράζω	[arázo]
larguer les amarres	σαλπάρω	[salʲpáro]

voyage (m) (à l'étranger)	ταξίδι (ουδ.)	[taksíði]
croisière (f)	κρουαζιέρα (θηλ.)	[kruaziéra]
cap (m) (suivre un ~)	ρότα, πορεία (θηλ.)	[róta], [poría]
itinéraire (m)	δρομολόγιο (ουδ.)	[ðromolʲójo]

chenal (m)	πλωτό μέρος (ουδ.)	[plʲotó méros]
bas-fond (m)	ρηχά (ουδ.πλ.)	[rixá]
échouer sur un bas-fond	εξοκέλλω	[eksokélʲo]
tempête (f)	καταιγίδα (θηλ.)	[katejíða]
signal (m)	σήμα (ουδ.)	[síma]

sombrer (vi)	**βυθίζομαι**	[viθízome]
SOS (m)	**SOS** (ουδ.)	[es-o-es]
bouée (f) de sauvetage	**σωσίβιο** (ουδ.)	[sosívio]

LA VILLE

T&P Books Publishing

27. Les transports en commun

autobus (m)	**λεωφορείο** (ουδ.)	[leoforío]
tramway (m)	**τραμ** (ουδ.)	[tram]
trolleybus (m)	**τρόλεϊ** (ουδ.)	[trólej]
itinéraire (m)	**δρομολόγιο** (ουδ.)	[ðromolʲójo]
numéro (m)	**αριθμός** (αρ.)	[ariθmós]
prendre ...	**πηγαίνω με ...**	[pijéno me]
monter (dans l'autobus)	**ανεβαίνω**	[anevéno]
descendre de ...	**κατεβαίνω**	[katevéno]
arrêt (m)	**στάση** (θηλ.)	[stási]
arrêt (m) prochain	**επόμενη στάση** (θηλ.)	[epómeni stási]
terminus (m)	**τερματικός σταθμός** (αρ.)	[termatikós staθmós]
horaire (m)	**δρομολόγιο** (ουδ.)	[ðromolʲójo]
attendre (vt)	**περιμένω**	[periméno]
ticket (m)	**εισιτήριο** (ουδ.)	[isitírio]
prix (m) du ticket	**τιμή εισιτηρίου** (θηλ.)	[timí isitiríu]
caissier (m)	**ταμίας** (αρ./θηλ.)	[tamías]
contrôle (m) des tickets	**έλεγχος εισιτηρίων** (αρ.)	[élenxos isitiríon]
contrôleur (m)	**ελεγκτής εισιτηρίων** (αρ.)	[elengtís isitiríon]
être en retard	**καθυστερώ**	[kaθisteró]
rater (~ le train)	**καθυστερώ**	[kaθisteró]
se dépêcher	**βιάζομαι**	[viázome]
taxi (m)	**ταξί** (ουδ.)	[taksí]
chauffeur (m) de taxi	**ταξιτζής** (αρ.)	[taksidzís]
en taxi	**με ταξί**	[me taksí]
arrêt (m) de taxi	**πιάτσα ταξί** (θηλ.)	[piátsa taksí]
appeler un taxi	**καλώ ταξί**	[kalʲó taksí]
prendre un taxi	**παίρνω ταξί**	[pérno taksí]
trafic (m)	**κίνηση** (θηλ.)	[kínisi]
embouteillage (m)	**μποτιλιάρισμα** (ουδ.)	[botiliárizma]
heures (f pl) de pointe	**ώρα αιχμής** (θηλ.)	[óra exmís]
se garer (vp)	**παρκάρω**	[parkáro]
garer (vt)	**παρκάρω**	[parkáro]
parking (m)	**πάρκινγκ** (ουδ.)	[párking]
métro (m)	**μετρό** (ουδ.)	[metró]
station (f)	**σταθμός** (αρ.)	[staθmós]
prendre le métro	**παίρνω το μετρό**	[pérno to metró]

train (m)	**τραίνο, τρένο** (ουδ.)	[tréno]
gare (f)	**σιδηροδρομικός σταθμός** (αρ.)	[siðiroðromikós staθmós]

28. La ville. La vie urbaine

ville (f)	**πόλη** (θηλ.)	[póli]
capitale (f)	**πρωτεύουσα** (θηλ.)	[protévusa]
village (m)	**χωριό** (ουδ.)	[xorió]
plan (m) de la ville	**χάρτης πόλης** (αρ.)	[xártis pólis]
centre-ville (m)	**κέντρο της πόλης** (ουδ.)	[kéndro tis pólis]
banlieue (f)	**προάστιο** (ουδ.)	[proástio]
de banlieue (adj)	**προαστιακός**	[proastiakós]
périphérie (f)	**προάστια** (ουδ.πλ.)	[proástia]
alentours (m pl)	**περίχωρα** (πλ.)	[períxora]
quartier (m)	**συνοικία** (θηλ.)	[sinikía]
quartier (m) résidentiel	**οικιστικό τετράγωνο** (ουδ.)	[ikistikó tetráɣono]
trafic (m)	**κίνηση** (θηλ.)	[kínisi]
feux (m pl) de circulation	**φανάρι** (ουδ.)	[fanári]
transport (m) urbain	**δημόσιες συγκοινωνίες** (θηλ.πλ.)	[ðimósies singinoníes]
carrefour (m)	**διασταύρωση** (θηλ.)	[ðiastávrosi]
passage (m) piéton	**διάβαση πεζών** (θηλ.)	[ðiávasi pezón]
passage (m) souterrain	**υπόγεια διάβαση** (θηλ.)	[ipójia ðiávasi]
traverser (vt)	**περνάω, διασχίζω**	[pernáo], [ðiasxízo]
piéton (m)	**πεζός** (αρ.)	[pezós]
trottoir (m)	**πεζοδρόμιο** (ουδ.)	[pezoðrómio]
pont (m)	**γέφυρα** (θηλ.)	[jéfira]
quai (m)	**προκυμαία** (θηλ.)	[prokiméa]
fontaine (f)	**κρήνη** (θηλ.)	[kríni]
allée (f)	**αλέα** (θηλ.)	[aléa]
parc (m)	**πάρκο** (ουδ.)	[párko]
boulevard (m)	**λεωφόρος** (θηλ.)	[leofóros]
place (f)	**πλατεία** (θηλ.)	[plʲatía]
avenue (f)	**λεωφόρος** (θηλ.)	[leofóros]
rue (f)	**δρόμος** (αρ.)	[ðrómos]
ruelle (f)	**παράδρομος** (αρ.)	[paráðromos]
impasse (f)	**αδιέξοδο** (ουδ.)	[aðiéksoðo]
maison (f)	**σπίτι** (ουδ.)	[spíti]
édifice (m)	**κτίριο** (ουδ.)	[ktírio]
gratte-ciel (m)	**ουρανοξύστης** (αρ.)	[uranoksístis]
façade (f)	**πρόσοψη** (θηλ.)	[prósopsi]
toit (m)	**στέγη** (θηλ.)	[stéji]

fenêtre (f)	**παράθυρο** (ουδ.)	[paráθiro]
arc (m)	**αψίδα** (θηλ.)	[apsíða]
colonne (f)	**κολόνα** (θηλ.)	[kolʲóna]
coin (m)	**γωνία** (θηλ.)	[ɣonía]
vitrine (f)	**βιτρίνα** (θηλ.)	[vitrína]
enseigne (f)	**ταμπέλα** (θηλ.)	[tabélʲa]
affiche (f)	**αφίσα** (θηλ.)	[afísa]
affiche (f) publicitaire	**διαφημιστική αφίσα** (θηλ.)	[ðiafimistikí afísa]
panneau-réclame (m)	**διαφημιστική πινακίδα** (θηλ.)	[ðiafimistikí pinakíða]
ordures (f pl)	**σκουπίδια** (ουδ.πλ.)	[skupíðia]
poubelle (f)	**σκουπιδοτενεκές** (αρ.)	[skupiðotenekés]
jeter à terre	**λερώνω με σκουπίδια**	[leróno me skupíðia]
décharge (f)	**χωματερή** (θηλ.)	[xomaterí]
cabine (f) téléphonique	**τηλεφωνικός θάλαμος** (αρ.)	[tilefonikós θálʲamos]
réverbère (m)	**φανοστάτης** (αρ.)	[fanostátis]
banc (m)	**παγκάκι** (ουδ.)	[pangáki]
policier (m)	**αστυνομικός** (αρ.)	[astinomikós]
police (f)	**αστυνομία** (θηλ.)	[astinomía]
clochard (m)	**ζητιάνος** (αρ.)	[zitiános]
sans-abri (m)	**άστεγος** (αρ.)	[ásteɣos]

29. Les institutions urbaines

magasin (m)	**κατάστημα** (ουδ.)	[katástima]
pharmacie (f)	**φαρμακείο** (ουδ.)	[farmakío]
opticien (m)	**κατάστημα οπτικών** (ουδ.)	[katástima optikón]
centre (m) commercial	**εμπορικό κέντρο** (ουδ.)	[emborikó kéndro]
supermarché (m)	**σουπερμάρκετ** (ουδ.)	[supermárket]
boulangerie (f)	**αρτοπωλείο** (ουδ.)	[artopolío]
boulanger (m)	**φούρναρης** (αρ.)	[fúrnaris]
pâtisserie (f)	**ζαχαροπλαστείο** (ουδ.)	[zaxaroplʲastío]
épicerie (f)	**μπακάλικο** (ουδ.)	[bakáliko]
boucherie (f)	**κρεοπωλείο** (ουδ.)	[kreopolío]
magasin (m) de légumes	**μανάβικο** (ουδ.)	[manáviko]
marché (m)	**αγορά, λαϊκή** (θηλ.)	[aɣorá], [lʲajkí]
salon (m) de café	**καφετέρια** (θηλ.)	[kafetéria]
restaurant (m)	**εστιατόριο** (ουδ.)	[estiatório]
brasserie (f)	**μπαρ** (ουδ.), **μπυραρία** (θηλ.)	[bar], [biraría]
pizzeria (f)	**πιτσαρία** (θηλ.)	[pitsaría]
salon (m) de coiffure	**κομμωτήριο** (ουδ.)	[komotírio]

poste (f)	**ταχυδρομείο** (ουδ.)	[taxiðromío]
pressing (m)	**στεγνοκαθαριστήριο** (ουδ.)	[steɣnokaθaristírio]
atelier (m) de photo	**φωτογραφείο** (ουδ.)	[fotoɣrafío]
magasin (m) de chaussures	**κατάστημα παπουτσιών** (ουδ.)	[katástima paputsión]
librairie (f)	**βιβλιοπωλείο** (ουδ.)	[vivliopolío]
magasin (m) d'articles de sport	**κατάστημα αθλητικών ειδών** (ουδ.)	[katástima aθlitikón iðón]
atelier (m) de retouche	**κατάστημα επιδιορθώσεων ενδυμάτων** (ουδ.)	[katástima epiðiorθóseon enðimáton]
location (f) de vêtements	**ενοικίαση ενδυμάτων** (θηλ.)	[enikíasi enðimáton]
location (f) de films	**κατάστημα ενοικίασης βίντεο** (ουδ.)	[katástima enikíasis vídeo]
cirque (m)	**τσίρκο** (ουδ.)	[tsírko]
zoo (m)	**ζωολογικός κήπος** (αρ.)	[zooliojikós kípos]
cinéma (m)	**κινηματογράφος** (αρ.)	[kinimatoɣráfos]
musée (m)	**μουσείο** (ουδ.)	[musío]
bibliothèque (f)	**βιβλιοθήκη** (θηλ.)	[vivlioθíki]
théâtre (m)	**θέατρο** (ουδ.)	[θéatro]
opéra (m)	**όπερα** (θηλ.)	[ópera]
boîte (f) de nuit	**νυχτερινό κέντρο** (ουδ.)	[nixterinó kéndro]
casino (m)	**καζίνο** (ουδ.)	[kazíno]
mosquée (f)	**τζαμί** (ουδ.)	[dzamí]
synagogue (f)	**συναγωγή** (θηλ.)	[sinaɣojí]
cathédrale (f)	**καθεδρικός** (αρ.)	[kaθeðrikós]
temple (m)	**ναός** (αρ.)	[naós]
église (f)	**εκκλησία** (θηλ.)	[eklisía]
institut (m)	**πανεπιστήμιο** (ουδ.)	[panepistímio]
université (f)	**πανεπιστήμιο** (ουδ.)	[panepistímio]
école (f)	**σχολείο** (ουδ.)	[sxolío]
préfecture (f)	**νομός** (αρ.)	[nómos]
mairie (f)	**δημαρχείο** (ουδ.)	[ðimarxío]
hôtel (m)	**ξενοδοχείο** (ουδ.)	[ksenoðoxío]
banque (f)	**τράπεζα** (θηλ.)	[trápeza]
ambassade (f)	**πρεσβεία** (θηλ.)	[prezvía]
agence (f) de voyages	**ταξιδιωτικό γραφείο** (ουδ.)	[taksiðiotikó ɣrafío]
bureau (m) d'information	**γραφείο πληροφοριών** (ουδ.)	[ɣrafío plirofo rión]
bureau (m) de change	**ανταλλακτήριο συναλλάγματος** (ουδ.)	[andalʲaktírio sinalʲáɣmatos]
métro (m)	**μετρό** (ουδ.)	[metró]
hôpital (m)	**νοσοκομείο** (ουδ.)	[nosokomío]

station-service (f)	**βενζινάδικο** (ουδ.)	[venzináðiko]
parking (m)	**πάρκινγκ** (ουδ.)	[párking]

30. Les enseignes. Les panneaux

enseigne (f)	**ταμπέλα** (θηλ.)	[tabélʲa]
pancarte (f)	**επιγραφή** (θηλ.)	[epiɣrafí]
poster (m)	**αφίσα, πόστερ** (ουδ.)	[afísa], [póster]
indicateur (m) de direction	**πινακίδα** (θηλ.)	[pinakíða]
flèche (f)	**βελάκι** (ουδ.)	[velʲáki]
avertissement (m)	**προειδοποίηση** (θηλ.)	[proiðopíisi]
panneau d'avertissement	**προειδοποίηση** (θηλ.)	[proiðopíisi]
avertir (vt)	**προειδοποιώ**	[proiðopió]
jour (m) de repos	**ρεπό** (ουδ.)	[repó]
horaire (m)	**ωράριο** (ουδ.)	[orário]
heures (f pl) d'ouverture	**ώρες λειτουργίας** (θηλ.πλ.)	[óres liturʝías]
BIENVENUE!	**ΚΑΛΩΣ ΗΡΘΑΤΕ!**	[kalʲos ípθate]
ENTRÉE	**ΕΙΣΟΔΟΣ**	[ísoðos]
SORTIE	**ΕΞΟΔΟΣ**	[éksoðos]
POUSSER	**ΩΘΗΣΑΤΕ**	[oθísate]
TIRER	**ΕΛΞΑΤΕ**	[élʲksate]
OUVERT	**ΑΝΟΙΚΤΟ**	aníkto
FERMÉ	**ΚΛΕΙΣΤΟ**	[klísto]
FEMMES	**ΓΥΝΑΙΚΩΝ**	[ʝinekón]
HOMMES	**ΑΝΔΡΕΣ**	[ánðres]
RABAIS	**ΕΚΠΤΩΣΕΙΣ**	[ekptósis]
SOLDES	**ΞΕΠΟΥΛΗΜΑ**	[ksepúlima]
NOUVEAU!	**ΝΕΟ!**	[néo]
GRATUIT	**ΔΩΡΕΑΝ**	[ðoreán]
ATTENTION!	**ΠΡΟΣΟΧΗ!**	[prosoxí]
COMPLET	**ΔΕΝ ΥΠΑΡΧΟΥΝ ΚΕΝΑ ΔΩΜΑΤΙΑ**	[ðen ipárxun kená ðomátia]
RÉSERVÉ	**ΡΕΖΕΡΒΕ**	[rezervé]
ADMINISTRATION	**ΔΙΕΥΘΥΝΤΗΣ**	[ðiéfθindis]
RÉSERVÉ AU PERSONNEL	**ΜΟΝΟ ΓΙΑ ΤΟ ΠΡΟΣΩΠΙΚΟ**	[móno ʝa to prosopikó]
ATTENTION CHIEN MÉCHANT	**ΠΡΟΣΟΧΗ ΣΚΥΛΟΣ**	[prosoxí skílʲos]
DÉFENSE DE FUMER	**ΑΠΑΓΟΡΕΥΕΤΑΙ ΤΟ ΚΑΠΝΙΣΜΑ**	[apaɣorévete to kápnizma]
PRIÈRE DE NE PAS TOUCHER	**ΜΗΝ ΑΓΓΙΖΕΤΕ!**	[min angízete]

DANGEREUX	**ΚΙΝΔΥΝΟΣ**	[kínðinos]
DANGER	**ΚΙΝΔΥΝΟΣ**	[kínðinos]
HAUTE TENSION	**ΥΨΗΛΗ ΤΑΣΗ**	[ípseli tási]
BAIGNADE INTERDITE	**ΑΠΑΓΟΡΕΥΕΤΑΙ ΤΟ ΚΟΛΥΜΠΙ**	[apaɣorévete to kolíbi]
HORS SERVICE	**ΕΚΤΟΣ ΛΕΙΤΟΥΡΓΙΑΣ**	éktos liturjías
INFLAMMABLE	**ΕΥΦΛΕΚΤΟ**	[éflekto]
INTERDIT	**ΑΠΑΓΟΡΕΥΕΤΑΙ**	[apaɣorévete]
PASSAGE INTERDIT	**ΑΠΑΓΟΡΕΥΕΤΑΙ ΤΟ ΠΕΡΑΣΜΑ**	[apaɣorévete to pérazma]
PEINTURE FRAÎCHE	**ΦΡΕΣΚΟΒΑΜΜΕΝΟ**	[frésko vaméno]

31. Le shopping

acheter (vt)	**αγοράζω**	[aɣorázo]
achat (m)	**αγορά** (θηλ.)	[aɣorá]
faire des achats	**ψωνίζω**	[psonízo]
shopping (m)	**shopping** (ουδ.)	[ʃópiŋ]
être ouvert	**λειτουργώ**	[lituryó]
être fermé	**κλείνω**	[klíno]
chaussures (f pl)	**υποδήματα** (ουδ.πλ.)	[ipoðímata]
vêtement (m)	**ενδύματα** (ουδ.πλ.)	[enðímata]
produits (m pl) de beauté	**καλλυντικά** (ουδ.πλ.)	[kalindiká]
produits (m pl) alimentaires	**τρόφιμα** (ουδ.πλ.)	[trófima]
cadeau (m)	**δώρο** (ουδ.)	[ðóro]
vendeur (m)	**πωλητής** (αρ.)	[politís]
vendeuse (f)	**πωλήτρια** (θηλ.)	[polítria]
caisse (f)	**ταμείο** (ουδ.)	[tamío]
miroir (m)	**καθρέφτης** (αρ.)	[kaθréftis]
comptoir (m)	**πάγκος** (αρ.)	[pángos]
cabine (f) d'essayage	**δοκιμαστήριο** (ουδ.)	[ðokimastírio]
essayer (robe, etc.)	**δοκιμάζω**	[ðokimázo]
aller bien (robe, etc.)	**ταιριάζω**	[teriázo]
plaire (être apprécié)	**μου αρέσει**	[mu arési]
prix (m)	**τιμή** (θηλ.)	[timí]
étiquette (f) de prix	**καρτέλα τιμής** (θηλ.)	[kartélʲa timís]
coûter (vt)	**κοστίζω**	[kostízo]
Combien?	**Πόσο κάνει;**	póso káni?
rabais (m)	**έκπτωση** (θηλ.)	[ékptosi]
pas cher (adj)	**φτηνός**	[ftinós]
bon marché (adj)	**φτηνός**	[ftinós]
cher (adj)	**ακριβός**	[akrivós]

C'est cher	**Είναι ακριβός**	[íne akrivós]
location (f)	**ενοικίαση** (θηλ.)	[enikíasi]
louer (une voiture, etc.)	**νοικιάζω**	[nikiázo]
crédit (m)	**πίστωση** (θηλ.)	[pístosi]
à crédit (adv)	**με πίστωση**	[me pístosi]

BOOKS

LES VÊTEMENTS & LES ACCESSOIRES

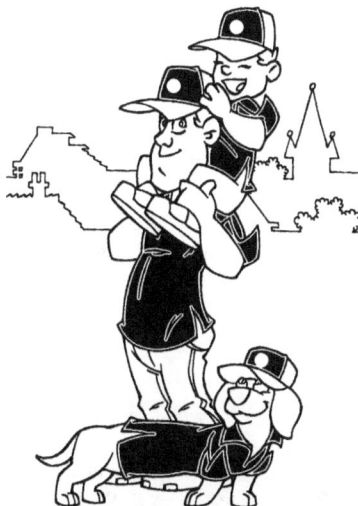

T&P Books Publishing

32. Les vêtements d'extérieur

vêtement (m)	**ενδύματα** (ουδ.πλ.)	[enðímata]
survêtement (m)	**πανωφόρια** (ουδ.πλ.)	[panofória]
vêtement (m) d'hiver	**χειμωνιάτικα ρούχα** (ουδ.πλ.)	[ximoniátika rúxa]
manteau (m)	**παλτό** (ουδ.)	[palʲtó]
manteau (m) de fourrure	**γούνα** (θηλ.)	[ɣúna]
veste (f) de fourrure	**κοντογούνι** (ουδ.)	[kondoɣúni]
manteau (m) de duvet	**πουπουλένιο μπουφάν** (ουδ.)	[pupulénio bufán]
veste (f) (~ en cuir)	**μπουφάν** (ουδ.)	[bufán]
imperméable (m)	**αδιάβροχο** (ουδ.)	[aðiávroxo]
imperméable (adj)	**αδιάβροχος**	[aðiávroxos]

33. Les vêtements

chemise (f)	**πουκάμισο** (ουδ.)	[pukámiso]
pantalon (m)	**παντελόνι** (ουδ.)	[pandelʲóni]
jean (m)	**τζιν** (ουδ.)	[dzin]
veston (m)	**σακάκι** (ουδ.)	[sakáki]
complet (m)	**κοστούμι** (ουδ.)	[kostúmi]
robe (f)	**φόρεμα** (ουδ.)	[fórema]
jupe (f)	**φούστα** (θηλ.)	[fústa]
chemisette (f)	**μπλούζα** (θηλ.)	[blʲúza]
veste (f) en laine	**ζακέτα** (θηλ.)	[zakéta]
jaquette (f), blazer (m)	**σακάκι** (ουδ.)	[sakáki]
tee-shirt (m)	**μπλουζάκι** (ουδ.)	[blʲuzáki]
short (m)	**σορτς** (ουδ.)	[sorts]
costume (m) de sport	**αθλητική φόρμα** (θηλ.)	[aθlitikí fórma]
peignoir (m) de bain	**μπουρνούζι** (ουδ.)	[burnúzi]
pyjama (m)	**πιτζάμα** (θηλ.)	[pidzáma]
chandail (m)	**πουλόβερ** (ουδ.)	[pulʲóver]
pull-over (m)	**πουλόβερ** (ουδ.)	[pulʲóver]
gilet (m)	**γιλέκο** (ουδ.)	[ʝiléko]
queue-de-pie (f)	**φράκο** (ουδ.)	[fráko]
smoking (m)	**σμόκιν** (ουδ.)	[smókin]
uniforme (m)	**στολή** (θηλ.)	[stolí]

tenue (f) de travail	**τα ρούχα της δουλειάς** (ουδ.πλ.)	[ta rúxa tis ðuliás]
salopette (f)	**φόρμα** (θηλ.)	[fórma]
blouse (f) (d'un médecin)	**ρόμπα** (θηλ.)	[rómpa]

34. Les sous-vêtements

sous-vêtements (m pl)	**εσώρουχα** (ουδ.πλ.)	[esóruxa]
maillot (m) de corps	**φανέλα** (θηλ.)	[fanélʲa]
chaussettes (f pl)	**κάλτσες** (θηλ.πλ.)	[kálʲtses]
chemise (f) de nuit	**νυχτικό** (ουδ.)	[nixtikó]
soutien-gorge (m)	**σουτιέν** (ουδ.)	[sutién]
chaussettes (f pl) hautes	**κάλτσες μέχρι το γόνατο** (θηλ.πλ.)	[kálʲtses méxri to ɣónato]
collants (m pl)	**καλτσόν** (ουδ.)	[kalʲtsón]
bas (m pl)	**κάλτσες** (θηλ.πλ.)	[kálʲtses]
maillot (m) de bain	**μαγιό** (ουδ.)	[majió]

35. Les chapeaux

chapeau (m)	**καπέλο** (ουδ.)	[kapélʲo]
chapeau (m) feutre	**καπέλο, φεντόρα** (ουδ.)	[kapélʲo], [fedóra]
casquette (f) de base-ball	**καπέλο του μπέιζμπολ** (ουδ.)	[kapélʲo tu béjzbolʲ]
casquette (f)	**κασκέτο** (ουδ.)	[kaskéto]
béret (m)	**μπερές** (αρ.)	[berés]
capuche (f)	**κουκούλα** (θηλ.)	[kukúlʲa]
panama (m)	**παναμάς** (αρ.)	[panamás]
bonnet (m) de laine	**πλεκτό καπέλο** (ουδ.)	[plektó kapélʲo]
foulard (m)	**μαντήλι** (ουδ.)	[mandíli]
chapeau (m) de femme	**γυναικείο καπέλο** (ουδ.)	[jinekío kapélʲo]
casque (m) (d'ouvriers)	**κράνος** (ουδ.)	[krános]
calot (m)	**δίκοχο** (ουδ.)	[ðíkoxo]
casque (m) (~ de moto)	**κράνος** (ουδ.)	[krános]
melon (m)	**μπόουλερ** (αρ.)	[bóuler]
haut-de-forme (m)	**ψηλό καπέλο** (ουδ.)	[psilʲó kapélʲo]

36. Les chaussures

chaussures (f pl)	**υποδήματα** (ουδ.πλ.)	[ipoðímata]
bottines (f pl)	**παπούτσια** (ουδ.πλ.)	[papútsia]

souliers (m pl) (~ plats)	**γόβες** (θηλ.πλ.)	[ɣóves]
bottes (f pl)	**μπότες** (θηλ.πλ.)	[bótes]
chaussons (m pl)	**παντόφλες** (θηλ.πλ.)	[pandófles]
tennis (m pl)	**αθλητικά** (ουδ.πλ.)	[aθlitiká]
baskets (f pl)	**αθλητικά παπούτσια** (ουδ.πλ.)	[aθlitiká papútsia]
sandales (f pl)	**σανδάλια** (ουδ.)	[sanðália]
cordonnier (m)	**τσαγκάρης** (αρ.)	[tsangáris]
talon (m)	**τακούνι** (ουδ.)	[takúni]
paire (f)	**ζευγάρι** (ουδ.)	[zevɣári]
lacet (m)	**κορδόνι** (ουδ.)	[korðóni]
lacer (vt)	**δένω τα κορδόνια**	[ðéno ta korðónia]
chausse-pied (m)	**κόκκαλο παπουτσιών** (ουδ.)	[kókalʲo paputsion]
cirage (m)	**κρέμα παπουτσιών** (θηλ.)	[kréma paputsión]

37. Les accessoires personnels

gants (m pl)	**γάντια** (ουδ.πλ.)	[ɣándia]
écharpe (f)	**κασκόλ** (ουδ.)	[kaskólʲ]
lunettes (f pl)	**γυαλιά** (ουδ.πλ.)	[ʝaliá]
monture (f)	**σκελετός** (αρ.)	[skeletós]
parapluie (m)	**ομπρέλα** (θηλ.)	[ombrélʲa]
canne (f)	**μπαστούνι** (ουδ.)	[bastúni]
brosse (f) à cheveux	**βούρτσα** (θηλ.)	[vúrtsa]
éventail (m)	**βεντάλια** (θηλ.)	[vendália]
cravate (f)	**γραβάτα** (θηλ.)	[ɣraváta]
nœud papillon (m)	**παπιγιόν** (ουδ.)	[papiʝón]
bretelles (f pl)	**τιράντες** (θηλ.πλ.)	[tirándes]
mouchoir (m)	**μαντήλι** (ουδ.)	[mandíli]
peigne (m)	**χτένα** (θηλ.)	[xténa]
barrette (f)	**φουρκέτα** (θηλ.)	[furkéta]
épingle (f) à cheveux	**φουρκέτα** (θηλ.)	[furkéta]
boucle (f)	**πόρπη** (θηλ.)	[pórpi]
ceinture (f)	**ζώνη** (θηλ.)	[zóni]
bandoulière (f)	**λουρί** (αρ.)	[lʲurí]
sac (m)	**τσάντα** (θηλ.)	[tsánda]
sac (m) à main	**τσάντα** (θηλ.)	[tsánda]
sac (m) à dos	**σακίδιο** (ουδ.)	[sakíðio]

38. Les vêtements. Divers

mode (f)	**μόδα** (θηλ.)	[móða]
à la mode (adj)	**της μόδας**	[tis móðas]
couturier, créateur de mode	**σχεδιαστής** (αρ.)	[sxeðiastís]
col (m)	**γιακάς** (αρ.)	[jakás]
poche (f)	**τσέπη** (θηλ.)	[tsépi]
de poche (adj)	**της τσέπης**	[tis tsépis]
manche (f)	**μανίκι** (ουδ.)	[maníki]
bride (f)	**θηλιά** (θηλ.)	[θiliá]
braguette (f)	**φερμουάρ** (ουδ.)	[fermuár]
fermeture (f) à glissière	**φερμουάρ** (ουδ.)	[fermuár]
agrafe (f)	**κούμπωμα** (ουδ.)	[kúmboma]
bouton (m)	**κουμπί** (ουδ.)	[kumbí]
boutonnière (f)	**κουμπότρυπα** (θηλ.)	[kumbótripa]
s'arracher (bouton)	**βγαίνω**	[vjéno]
coudre (vi, vt)	**ράβω**	[rávo]
broder (vt)	**κεντώ**	[kendó]
broderie (f)	**κέντημα** (ουδ.)	[kéndima]
aiguille (f)	**βελόνα** (θηλ.)	[velʲóna]
fil (m)	**κλωστή** (θηλ.)	[klʲostí]
couture (f)	**ραφή** (θηλ.)	[rafí]
se salir (vp)	**λερώνομαι**	[lerónome]
tache (f)	**λεκές** (αρ.)	[lekés]
se froisser (vp)	**τσαλακώνομαι**	[tsalʲakónome]
déchirer (vt)	**σκίζω**	[skízo]
mite (f)	**σκόρος** (αρ.)	[skóros]

39. L'hygiène corporelle. Les cosmétiques

dentifrice (m)	**οδοντόκρεμα** (θηλ.)	[oðondókrema]
brosse (f) à dents	**οδοντόβουρτσα** (θηλ.)	[oðondóvutsa]
se brosser les dents	**πλένω τα δόντια**	[pléno ta ðóndia]
rasoir (m)	**ξυράφι** (ουδ.)	[ksiráfi]
crème (f) à raser	**κρέμα ξυρίσματος** (θηλ.)	[kréma ksirízmatos]
se raser (vp)	**ξυρίζομαι**	[ksirízome]
savon (m)	**σαπούνι** (ουδ.)	[sapúni]
shampooing (m)	**σαμπουάν** (ουδ.)	[sambuán]
ciseaux (m pl)	**ψαλίδι** (ουδ.)	[psalíði]
lime (f) à ongles	**λίμα νυχιών** (θηλ.)	[líma nixión]
pinces (f pl) à ongles	**νυχοκόπτης** (αρ.)	[nixokóptis]

pince (f) à épiler	**τσιμπιδάκι** (ουδ.)	[tsimbiðáki]
produits (m pl) de beauté	**καλλυντικά** (ουδ.πλ.)	[kalindiká]
masque (m) de beauté	**μάσκα** (θηλ.)	[máska]
manucure (f)	**μανικιούρ** (ουδ.)	[manikiúr]
se faire les ongles	**κάνω μανικιούρ**	[káno manikiúr]
pédicurie (f)	**πεντικιούρ** (ουδ.)	[pedikiúr]
trousse (f) de toilette	**τσαντάκι καλλυντικών** (ουδ.)	[tsandáki kalindikón]
poudre (f)	**πούδρα** (θηλ.)	[púðra]
poudrier (m)	**πουδριέρα** (θηλ.)	[puðriéra]
fard (m) à joues	**ρουζ** (ουδ.)	[ruz]
parfum (m)	**άρωμα** (ουδ.)	[ároma]
eau (f) de toilette	**κολόνια** (θηλ.)	[kolʲónia]
lotion (f)	**λοσιόν** (θηλ.)	[lʲosión]
eau de Cologne (f)	**κολόνια** (θηλ.)	[kolʲónia]
fard (m) à paupières	**σκιά ματιών** (θηλ.)	[skiá matión]
crayon (m) à paupières	**μολύβι ματιών** (ουδ.)	[molívi matión]
mascara (m)	**μάσκαρα** (θηλ.)	[máskara]
rouge (m) à lèvres	**κραγιόν** (ουδ.)	[krajión]
vernis (m) à ongles	**βερνίκι νυχιών** (ουδ.)	[verníki nixión]
laque (f) pour les cheveux	**λακ μαλλιών** (ουδ.)	[lʲak malión]
déodorant (m)	**αποσμητικό** (ουδ.)	[apozmitikó]
crème (f)	**κρέμα** (θηλ.)	[kréma]
crème (f) pour le visage	**κρέμα προσώπου** (θηλ.)	[kréma prosópu]
crème (f) pour les mains	**κρέμα χεριών** (θηλ.)	[kréma xerión]
crème (f) anti-rides	**αντιρυτιδική κρέμα** (θηλ.)	[andiritiðikí kréma]
crème (f) de jour	**κρέμα ημέρας** (θηλ.)	[kréma iméras]
crème (f) de nuit	**κρέμα νυκτός** (θηλ.)	[kréma niktós]
tampon (m)	**ταμπόν** (ουδ.)	[tabón]
papier (m) de toilette	**χαρτί υγείας** (ουδ.)	[xartí ijías]
sèche-cheveux (m)	**πιστολάκι** (ουδ.)	[pistolʲáki]

40. Les montres. Les horloges

montre (f)	**ρολόι χειρός** (ουδ.)	[rolʲój xirós]
cadran (m)	**πλάκα ρολογιού** (θηλ.)	[plʲáka rolʲojú]
aiguille (f)	**δείκτης** (αρ.)	[ðíktis]
bracelet (m)	**μπρασελέ** (ουδ.)	[braselé]
bracelet (m) (en cuir)	**λουράκι** (ουδ.)	[lʲuráki]
pile (f)	**μπαταρία** (θηλ.)	[bataría]
être déchargé	**εξαντλούμαι**	[eksantlʲúme]
changer de pile	**αλλάζω μπαταρία**	[alʲázo bataría]
avancer (vi)	**πηγαίνω μπροστά**	[pijéno brostá]

retarder (vi)	**πηγαίνω πίσω**	[piʝéno píso]
pendule (f)	**ρολόι τοίχου** (ουδ.)	[rolʲój tíxu]
sablier (m)	**κλεψύδρα** (θηλ.)	[klepsíðra]
cadran (m) solaire	**ηλιακό ρολόι** (ουδ.)	[iliakó rolʲój]
réveil (m)	**ξυπνητήρι** (ουδ.)	[ksipnitíri]
horloger (m)	**ωρολογοποιός** (αρ.)	[orolʲoɣopiós]
réparer (vt)	**επισκευάζω**	[episkevázo]

L'EXPÉRIENCE QUOTIDIENNE

T&P Books Publishing

41. L'argent

argent (m)	**χρήματα** (ουδ.πλ.)	[xrímata]
échange (m)	**ανταλλαγή** (θηλ.)	[andalʲaʝí]
cours (m) de change	**ισοτιμία** (θηλ.)	[isotimía]
distributeur (m)	**ATM** (ουδ.)	[eitiém]
monnaie (f)	**κέρμα** (ουδ.)	[kérma]
dollar (m)	**δολάριο** (ουδ.)	[ðolʲário]
euro (m)	**ευρώ** (ουδ.)	[evró]
lire (f)	**λίρα** (θηλ.)	[líra]
mark (m) allemand	**μάρκο** (ουδ.)	[márko]
franc (m)	**φράγκο** (ουδ.)	[frángo]
livre sterling (f)	**στερλίνα** (θηλ.)	[sterlína]
yen (m)	**γιεν** (ουδ.)	[ʝén]
dette (f)	**χρέος** (ουδ.)	[xréos]
débiteur (m)	**χρεώστης** (αρ.)	[xreóstis]
prêter (vt)	**δανείζω**	[ðanízo]
emprunter (vt)	**δανείζομαι**	[ðanízome]
banque (f)	**τράπεζα** (θηλ.)	[trápeza]
compte (m)	**λογαριασμός** (αρ.)	[lʲoɣariazmós]
verser dans le compte	**καταθέτω στο λογαριασμό**	[kataθéto sto lʲoɣariazmó]
retirer du compte	**κάνω ανάληψη**	[káno análipsi]
carte (f) de crédit	**πιστωτική κάρτα** (θηλ.)	[pistotikí kárta]
espèces (f pl)	**μετρητά** (ουδ.πλ.)	[metritá]
chèque (m)	**επιταγή** (θηλ.)	[epitaʝí]
faire un chèque	**κόβω επιταγή**	[kóvo epitaʝí]
chéquier (m)	**βιβλιάριο επιταγών** (ουδ.)	[vivliário epitaɣón]
portefeuille (m)	**πορτοφόλι** (ουδ.)	[portofóli]
bourse (f)	**πορτοφόλι** (ουδ.)	[portofóli]
coffre fort (m)	**χρηματοκιβώτιο** (ουδ.)	[xrimatokivótio]
héritier (m)	**κληρονόμος** (αρ.)	[klironómos]
héritage (m)	**κληρονομιά** (θηλ.)	[klironomiá]
fortune (f)	**περιουσία** (θηλ.)	[periusía]
location (f)	**σύμβαση μίσθωσης** (θηλ.)	[símvasi mísθosis]
loyer (m) (argent)	**ενοίκιο** (ουδ.)	[eníkio]
louer (prendre en location)	**νοικιάζω**	[nikiázo]
prix (m)	**τιμή** (θηλ.)	[timí]

coût (m)	**κόστος** (ουδ.)	[kóstos]
somme (f)	**ποσό** (ουδ.)	[posó]
dépenser (vt)	**ξοδεύω**	[ksoðévo]
dépenses (f pl)	**έξοδα** (ουδ.πλ.)	[éksoða]
économiser (vt)	**κάνω οικονομία**	[káno ikonomía]
économe (adj)	**οικονομικός**	[ikonomikós]
payer (régler)	**πληρώνω**	[pliróno]
paiement (m)	**αμοιβή** (θηλ.)	[amiví]
monnaie (f) (rendre la ~)	**ρέστα** (ουδ.πλ.)	[résta]
impôt (m)	**φόρος** (αρ.)	[fóros]
amende (f)	**πρόστιμο** (ουδ.)	[próstimo]
mettre une amende	**επιβάλλω πρόστιμο**	[epiválʲo próstimo]

42. La poste. Les services postaux

poste (f)	**ταχυδρομείο** (ουδ.)	[taxiðromío]
courrier (m) (lettres, etc.)	**ταχυδρομείο** (ουδ.)	[taxiðromío]
facteur (m)	**ταχυδρόμος** (αρ.)	[taxiðrómos]
heures (f pl) d'ouverture	**ώρες λειτουργίας** (θηλ.πλ.)	[óres liturʝías]
lettre (f)	**γράμμα** (ουδ.)	[ɣráma]
recommandé (m)	**συστημένο γράμμα** (ουδ.)	[sistiméno ɣráma]
carte (f) postale	**κάρτα** (θηλ.)	[kárta]
télégramme (m)	**τηλεγράφημα** (ουδ.)	[tileɣráfima]
colis (m)	**δέμα** (ουδ.)	[ðéma]
mandat (m) postal	**έμβασμα** (ουδ.)	[émvazma]
recevoir (vt)	**λαμβάνω**	[lʲamváno]
envoyer (vt)	**στέλνω**	[stélʲno]
envoi (m)	**αποστολή** (θηλ.)	[apostolí]
adresse (f)	**διεύθυνση** (θηλ.)	[ðiéfθinsi]
code (m) postal	**ταχυδρομικός κώδικας** (αρ.)	[taxiðromikós kóðikas]
expéditeur (m)	**αποστολέας** (αρ.)	[apostoléas]
destinataire (m)	**παραλήπτης** (αρ.)	[paralíptis]
prénom (m)	**όνομα** (ουδ.)	[ónoma]
nom (m) de famille	**επώνυμο** (ουδ.)	[epónimo]
tarif (m)	**ταχυδρομικό τέλος** (ουδ.)	[taxiðromikó télʲos]
normal (adj)	**κανονικός**	[kanonikós]
économique (adj)	**οικονομικός**	[ikonomikós]
poids (m)	**βάρος** (ουδ.)	[város]
peser (~ les lettres)	**ζυγίζω**	[ziʝízo]
enveloppe (f)	**φάκελος** (αρ.)	[fákelʲos]

timbre (m)	**γραμματόσημο** (ουδ.)	[ɣramatósimo]
timbrer (vt)	**βάζω γραμματόσημο**	[vázo ɣramatósimo]

43. Les opérations bancaires

banque (f)	**τράπεζα** (θηλ.)	[trápeza]
agence (f) bancaire	**κατάστημα** (ουδ.)	[katástima]
conseiller (m)	**υπάλληλος** (αρ.)	[ipálilʲos]
gérant (m)	**διευθυντής** (αρ.)	[ðiefθindís]
compte (m)	**λογαριασμός** (αρ.)	[lʲoɣariazmós]
numéro (m) du compte	**αριθμός λογαριασμού** (αρ.)	[ariθmós lʲoɣariazmú]
compte (m) courant	**τρεχούμενος λογαριασμός** (αρ.)	[trexúmenos lʲoɣariazmós]
ouvrir un compte	**ανοίγω λογαριασμό**	[aníɣo lʲoɣariazmó]
clôturer le compte	**κλείνω λογαριασμό**	[klíno lʲoɣariazmó]
verser dans le compte	**καταθέτω στο λογαριασμό**	[kataθéto sto lʲoɣariazmó]
retirer du compte	**κάνω ανάληψη**	[káno análipsi]
dépôt (m)	**κατάθεση** (θηλ.)	[katáθesi]
faire un dépôt	**καταθέτω**	[kataθéto]
virement (m) bancaire	**έμβασμα** (ουδ.)	[émvazma]
faire un transfert	**εμβάζω**	[emvázo]
somme (f)	**ποσό** (ουδ.)	[posó]
Combien?	**Πόσο κάνει;**	póso káni?
signature (f)	**υπογραφή** (θηλ.)	[ipoɣrafí]
signer (vt)	**υπογράφω**	[ipoɣráfo]
carte (f) de crédit	**πιστωτική κάρτα** (θηλ.)	[pistotikí kárta]
code (m)	**κωδικός** (αρ.)	[koðikós]
numéro (m) de carte de crédit	**αριθμός πιστωτικής κάρτας** (αρ.)	[ariθmós pistotikís kártas]
distributeur (m)	**ATM** (ουδ.)	[eitiém]
chèque (m)	**επιταγή** (θηλ.)	[epitaʝí]
faire un chèque	**κόβω επιταγή**	[kóvo epitaʝí]
chéquier (m)	**βιβλιάριο επιταγών** (ουδ.)	[vivliário epitaɣón]
crédit (m)	**δάνειο** (ουδ.)	[ðánio]
demander un crédit	**υποβάλλω αίτηση για δάνειο**	[ipoválʲo étisi ʝa ðánio]
prendre un crédit	**παίρνω δάνειο**	[pérno ðánio]
accorder un crédit	**παρέχω δάνειο**	[paréxo ðánio]

44. Le téléphone. La conversation téléphonique

téléphone (m)	**τηλέφωνο** (ουδ.)	[tiléfono]
portable (m)	**κινητό τηλέφωνο** (ουδ.)	[kinitó tiléfono]
répondeur (m)	**τηλεφωνητής** (αρ.)	[tilefonitís]
téléphoner, appeler	**τηλεφωνώ**	[tilefonó]
appel (m)	**κλήση** (θηλ.)	[klísi]
composer le numéro	**καλώ έναν αριθμό**	[kalʲó énan ariθmó]
Allô!	**Εμπρός!**	[embrós]
demander (~ l'heure)	**ρωτάω**	[rotáo]
répondre (vi, vt)	**απαντώ**	[apandó]
entendre (bruit, etc.)	**ακούω**	[akúo]
bien (adv)	**καλά**	[kalʲá]
mal (adv)	**χάλια**	[xália]
bruits (m pl)	**παρεμβολές** (θηλ.πλ.)	[paremvolés]
récepteur (m)	**ακουστικό** (ουδ.)	[akustikó]
décrocher (vt)	**σηκώνω το ακουστικό**	[sikóno to akustikó]
raccrocher (vi)	**κλείνω το τηλεφώνο**	[klíno to tiléfono]
occupé (adj)	**κατειλημμένος**	[katiliménos]
sonner (vi)	**χτυπάω**	[xtipáo]
carnet (m) de téléphone	**τηλεφωνικός κατάλογος** (αρ.)	[tilefonikós katálʲoɣos]
local (adj)	**τοπική**	[topikí]
interurbain (adj)	**υπεραστική**	[iperastikí]
international (adj)	**διεθνής**	[ðieθnís]

45. Le téléphone portable

portable (m)	**κινητό τηλέφωνο** (ουδ.)	[kinitó tiléfono]
écran (m)	**οθόνη** (θηλ.)	[oθóni]
bouton (m)	**κουμπί** (ουδ.)	[kumbí]
carte SIM (f)	**κάρτα SIM** (θηλ.)	[kárta sim]
pile (f)	**μπαταρία** (θηλ.)	[bataría]
être déchargé	**εξαντλούμαι**	[eksantlʲúme]
chargeur (m)	**φορτιστής** (αρ.)	[fortistís]
menu (m)	**μενού** (ουδ.)	[menú]
réglages (m pl)	**ρυθμίσεις** (θηλ.πλ.)	[riθmísis]
mélodie (f)	**μελωδία** (θηλ.)	[melʲoðía]
sélectionner (vt)	**επιλέγω**	[epiléɣo]
calculatrice (f)	**αριθμομηχανή** (θηλ.)	[ariθmomixaní]
répondeur (m)	**τηλεφωνητής** (αρ.)	[tilefonitís]

réveil (m)	**ξυπνητήρι** (ουδ.)	[ksipnitíri]
contacts (m pl)	**επαφές** (θηλ.πλ.)	[epafés]
SMS (m)	**μήνυμα SMS** (ουδ.)	[mínima esemés]
abonné (m)	**συνδρομητής** (αρ.)	[sinðromitís]

46. La papeterie

stylo (m) à bille	**στιλό διαρκείας** (ουδ.)	[stilʲó ðiarkías]
stylo (m) à plume	**πέννα** (θηλ.)	[péna]
crayon (m)	**μολύβι** (ουδ.)	[molívi]
marqueur (m)	**μαρκαδόρος** (αρ.)	[markaðóros]
feutre (m)	**μαρκαδόρος** (αρ.)	[markaðóros]
bloc-notes (m)	**μπλοκ** (ουδ.)	[blʲok]
agenda (m)	**ατζέντα** (θηλ.)	[adzénda]
règle (f)	**χάρακας** (αρ.)	[xárakas]
calculatrice (f)	**αριθμομηχανή** (θηλ.)	[ariθmomixaní]
gomme (f)	**γόμα** (θηλ.)	[ɣóma]
punaise (f)	**πινέζα** (θηλ.)	[pinéza]
trombone (m)	**συνδετήρας** (αρ.)	[sinðetíras]
colle (f)	**κόλλα** (θηλ.)	[kólʲa]
agrafeuse (f)	**συρραπτικό** (ουδ.)	[siraptikó]
perforateur (m)	**περφορατέρ** (ουδ.)	[perforatér]
taille-crayon (m)	**ξύστρα** (θηλ.)	[ksístra]

47. Les langues étrangères

langue (f)	**γλώσσα** (θηλ.)	[ɣlʲósa]
langue (f) étrangère	**ξένη γλώσσα** (θηλ.)	[kséni ɣlósa]
étudier (vt)	**μελετάω**	[meletáo]
apprendre (~ l'arabe)	**μαθαίνω**	[maθéno]
lire (vi, vt)	**διαβάζω**	[ðiavázo]
parler (vi, vt)	**μιλάω**	[milʲáo]
comprendre (vt)	**καταλαβαίνω**	[katalʲavéno]
écrire (vt)	**γράφω**	[ɣráfo]
vite (adv)	**γρήγορα**	[ɣríɣora]
lentement (adv)	**αργά**	[arɣá]
couramment (adv)	**ευφράδεια**	[effráðia]
règles (f pl)	**κανόνες** (αρ.πλ.)	[kanónes]
grammaire (f)	**γραμματική** (θηλ.)	[ɣramatikí]
vocabulaire (m)	**λεξιλόγιο** (ουδ.)	[leksilʲójo]

phonétique (f)	**φωνητική** (θηλ.)	[fonitikí]
manuel (m)	**σχολικό βιβλίο** (ουδ.)	[sxolikó vivlío]
dictionnaire (m)	**λεξικό** (ουδ.)	[leksikó]
manuel (m) autodidacte	**εγχειρίδιο αυτοδιδασκαλίας** (ουδ.)	[enxiríðio aftoðiðaskalías]
guide (m) de conversation	**βιβλίο φράσεων** (ουδ.)	[vivlío fráseon]
cassette (f)	**κασέτα** (θηλ.)	[kaséta]
cassette (f) vidéo	**βιντεοκασέτα** (θηλ.)	[videokaséta]
CD (m)	**συμπαγής δίσκος** (αρ.)	[simpaʝís ðískos]
DVD (m)	**DVD** (ουδ.)	[dividí]
alphabet (m)	**αλφάβητος** (θηλ.)	[al^jfávitos]
prononciation (f)	**προφορά** (θηλ.)	[proforá]
accent (m)	**προφορά** (θηλ.)	[proforá]
avec un accent	**με προφορά**	[me proforá]
sans accent	**χωρίς προφορά**	[xorís proforá]
mot (m)	**λέξη** (θηλ.)	[léksi]
sens (m)	**σημασία** (θηλ.)	[simasía]
cours (m pl)	**μαθήματα** (ουδ.πλ.)	[maθímata]
s'inscrire (vp)	**γράφομαι**	[ɣráfome]
professeur (m) (~ d'anglais)	**καθηγητής** (αρ.)	[kaθiʝitís]
traduction (f) (action)	**μετάφραση** (θηλ.)	[metáfrasi]
traduction (f) (texte)	**μετάφραση** (θηλ.)	[metáfrasi]
traducteur (m)	**μεταφραστής** (αρ.)	[metafrastís]
interprète (m)	**διερμηνέας** (αρ.)	[ðierminéas]
polyglotte (m)	**πολύγλωσσος** (αρ.)	[políɣl^josos]
mémoire (f)	**μνήμη** (θηλ.)	[mními]

LES REPAS.
LE RESTAURANT

T&P Books Publishing

48. Le dressage de la table

cuillère (f)	**κουτάλι** (ουδ.)	[kutáli]
couteau (m)	**μαχαίρι** (ουδ.)	[maxéri]
fourchette (f)	**πιρούνι** (ουδ.)	[pirúni]
tasse (f)	**φλιτζάνι** (ουδ.)	[flidzáni]
assiette (f)	**πιάτο** (ουδ.)	[piáto]
soucoupe (f)	**πιατάκι** (ουδ.)	[piatáki]
serviette (f)	**χαρτοπετσέτα** (θηλ.)	[xartopetséta]
cure-dent (m)	**οδοντογλυφίδα** (θηλ.)	[oðondoɣlifíða]

49. Le restaurant

restaurant (m)	**εστιατόριο** (ουδ.)	[estiatório]
salon (m) de café	**καφετέρια** (θηλ.)	[kafetéria]
bar (m)	**μπαρ** (ουδ.), **μπυραρία** (θηλ.)	[bar], [biraría]
salon (m) de thé	**τσαγερί** (θηλ.)	[tsaʝerí]
serveur (m)	**σερβιτόρος** (αρ.)	[servitóros]
serveuse (f)	**σερβιτόρα** (θηλ.)	[servitóra]
barman (m)	**μπάρμαν** (αρ.)	[bárman]
carte (f)	**κατάλογος** (αρ.)	[katálʲoɣos]
carte (f) des vins	**κατάλογος κρασιών** (αρ.)	[katálʲoɣos krasión]
réserver une table	**κλείνω τραπέζι**	[klíno trapézi]
plat (m)	**πιάτο** (ουδ.)	[piáto]
commander (vt)	**παραγγέλνω**	[parangélʲno]
faire la commande	**κάνω παραγγελία**	[káno parangelía]
apéritif (m)	**απεριτίφ** (ουδ.)	[aperitíf]
hors-d'œuvre (m)	**ορεκτικό** (ουδ.)	[orektikó]
dessert (m)	**επιδόρπιο** (ουδ.)	[epiðórpio]
addition (f)	**λογαριασμός** (αρ.)	[lʲoɣariazmós]
régler l'addition	**πληρώνω λογαριασμό**	[pliróno lʲoɣariazmó]
rendre la monnaie	**δίνω τα ρέστα**	[ðíno ta résta]
pourboire (m)	**πουρμπουάρ** (ουδ.)	[purbuár]

50. Les repas

nourriture (f)	**τροφή** (θηλ.), **φαγητό** (ουδ.)	[trofí], [faʝitó]
manger (vi, vt)	**τρώω**	[tróo]
petit déjeuner (m)	**πρωινό** (ουδ.)	[proinó]
prendre le petit déjeuner	**παίρνω πρωινό**	[pérno proinó]
déjeuner (m)	**μεσημεριανό** (ουδ.)	[mesimerianó]
déjeuner (vi)	**τρώω μεσημεριανό**	[tróo mesimerianó]
dîner (m)	**δείπνο** (ουδ.)	[ðípno]
dîner (vi)	**τρώω βραδινό**	[tróo vraðinó]
appétit (m)	**όρεξη** (θηλ.)	[óreksi]
Bon appétit!	**Καλή όρεξη!**	[kalí óreksi]
ouvrir (vt)	**ανοίγω**	[aníɣo]
renverser (liquide)	**χύνω**	[xíno]
se renverser (liquide)	**χύνομαι**	[xínome]
bouillir (vi)	**βράζω**	[vrázo]
faire bouillir	**βράζω**	[vrázo]
bouilli (l'eau ~e)	**βρασμένος**	[vrazménos]
refroidir (vt)	**κρυώνω**	[krióno]
se refroidir (vp)	**κρυώνω**	[krióno]
goût (m)	**γεύση** (θηλ.)	[ʝéfsi]
arrière-goût (m)	**επίγευση** (θηλ.)	[epíʝefsi]
suivre un régime	**αδυνατίζω**	[aðinatízo]
régime (m)	**δίαιτα** (θηλ.)	[ðíeta]
vitamine (f)	**βιταμίνη** (θηλ.)	[vitamíni]
calorie (f)	**θερμίδα** (θηλ.)	[θermíða]
végétarien (m)	**χορτοφάγος** (αρ.)	[xortofáɣos]
végétarien (adj)	**χορτοφάγος**	[xortofáɣos]
lipides (m pl)	**λίπη** (ουδ.πλ.)	[lípi]
protéines (f pl)	**πρωτεΐνες** (θηλ.πλ.)	[proteínes]
glucides (m pl)	**υδατάνθρακες** (αρ.πλ.)	[iðatánθrakes]
tranche (f)	**φέτα** (θηλ.)	[féta]
morceau (m)	**κομμάτι** (ουδ.)	[komáti]
miette (f)	**ψίχουλο** (ουδ.)	[psíxulʲo]

51. Les plats cuisinés

plat (m)	**πιάτο** (ουδ.)	[piáto]
cuisine (f)	**κουζίνα** (θηλ.)	[kuzína]
recette (f)	**συνταγή** (θηλ.)	[sindaʝí]
portion (f)	**μερίδα** (θηλ.)	[meríða]
salade (f)	**σαλάτα** (θηλ.)	[salʲáta]

soupe (f)	**σούπα** (θηλ.)	[súpa]
bouillon (m)	**ζωμός** (αρ.)	[zomós]
sandwich (m)	**σάντουιτς** (ουδ.)	[sánduits]
les œufs brouillés	**τηγανητά αυγά** (ουδ.πλ.)	[tiɣanitá avɣá]
hamburger (m)	**χάμπουργκερ** (ουδ.)	[xámburger]
steak (m)	**μπριζόλα** (θηλ.)	[brizólʲa]
garniture (f)	**συνοδευτικό πιάτο** (ουδ.)	[sinoðeftikó piáto]
spaghettis (m pl)	**σπαγγέτι** (ουδ.)	[spagéti]
purée (f)	**πουρές** (αρ.)	[purés]
pizza (f)	**πίτσα** (θηλ.)	[pítsa]
omelette (f)	**ομελέτα** (θηλ.)	[omeléta]
cuit à l'eau (adj)	**βραστός**	[vrastós]
fumé (adj)	**καπνιστός**	[kapnistós]
frit (adj)	**τηγανητός**	[tiɣanitós]
sec (adj)	**αποξηραμένος**	[apoksiraménos]
congelé (adj)	**κατεψυγμένος**	[katepsiɣménos]
mariné (adj)	**τουρσί**	[tursí]
sucré (adj)	**γλυκός**	[ɣlikós]
salé (adj)	**αλμυρός**	[alʲmirós]
froid (adj)	**κρύος**	[kríos]
chaud (adj)	**ζεστός**	[zestós]
amer (adj)	**πικρός**	[pikrós]
bon (savoureux)	**νόστιμος**	[nóstimos]
cuire à l'eau	**βράζω**	[vrázo]
préparer (le dîner)	**μαγειρεύω**	[majirévo]
faire frire	**τηγανίζω**	[tiɣanízo]
réchauffer (vt)	**ζεσταίνω**	[zesténo]
saler (vt)	**αλατίζω**	[alʲatízo]
poivrer (vt)	**πιπερώνω**	[piperóno]
râper (vt)	**τρίβω**	[trívo]
peau (f)	**φλούδα** (θηλ.)	[flʲúða]
éplucher (vt)	**καθαρίζω**	[kaθarízo]

52. Les aliments

viande (f)	**κρέας** (ουδ.)	[kréas]
poulet (m)	**κότα** (θηλ.)	[kóta]
poulet (m) (poussin)	**κοτόπουλο** (ουδ.)	[kotópulʲo]
canard (m)	**πάπια** (θηλ.)	[pápia]
oie (f)	**χήνα** (θηλ.)	[xína]
gibier (m)	**θήραμα** (ουδ.)	[θírama]
dinde (f)	**γαλοπούλα** (θηλ.)	[ɣalʲopúlʲa]
du porc	**χοιρινό κρέας** (ουδ.)	[xirinó kréas]
du veau	**μοσχαρίσιο κρέας** (ουδ.)	[mosxarísio kréas]

du mouton	**αρνήσιο κρέας** (ουδ.)	[arnísio kréas]
du bœuf	**βοδινό κρέας** (ουδ.)	[voðinó kréas]
lapin (m)	**κουνέλι** (ουδ.)	[kunéli]
saucisson (m)	**λουκάνικο** (ουδ.)	[lʲukániko]
saucisse (f)	**λουκάνικο** (ουδ.)	[lʲukániko]
bacon (m)	**μπέικον** (ουδ.)	[béjkon]
jambon (m)	**ζαμπόν** (ουδ.)	[zabón]
cuisse (f)	**καπνιστό χοιρομέρι** (ουδ.)	[kapnistó xiroméri]
pâté (m)	**πατέ** (ουδ.)	[paté]
foie (m)	**συκώτι** (ουδ.)	[sikóti]
farce (f)	**κιμάς** (αρ.)	[kimás]
langue (f)	**γλώσσα** (θηλ.)	[ɣlʲósa]
œuf (m)	**αυγό** (ουδ.)	[avɣó]
les œufs	**αυγά** (ουδ.πλ.)	[avɣá]
blanc (m) d'œuf	**ασπράδι** (ουδ.)	[aspráði]
jaune (m) d'œuf	**κρόκος** (αρ.)	[krókos]
poisson (m)	**ψάρι** (ουδ.)	[psári]
fruits (m pl) de mer	**θαλασσινά** (θηλ.πλ.)	[θalʲasiná]
caviar (m)	**χαβιάρι** (ουδ.)	[xaviári]
crabe (m)	**καβούρι** (ουδ.)	[kavúri]
crevette (f)	**γαρίδα** (θηλ.)	[ɣaríða]
huître (f)	**στρείδι** (ουδ.)	[stríði]
langoustine (f)	**ακανθωτός αστακός** (αρ.)	[akanθotós astakós]
poulpe (m)	**χταπόδι** (ουδ.)	[xtapóði]
calamar (m)	**καλαμάρι** (ουδ.)	[kalʲamári]
esturgeon (m)	**οξύρυγχος** (αρ.)	[oksírinxos]
saumon (m)	**σολομός** (αρ.)	[solʲomós]
flétan (m)	**ιππόγλωσσος** (αρ.)	[ipóɣlʲosos]
morue (f)	**μπακαλιάρος** (αρ.)	[bakaliáros]
maquereau (m)	**σκουμπρί** (ουδ.)	[skumbrí]
thon (m)	**τόνος** (αρ.)	[tónos]
anguille (f)	**χέλι** (ουδ.)	[xéli]
truite (f)	**πέστροφα** (θηλ.)	[péstrofa]
sardine (f)	**σαρδέλα** (θηλ.)	[sarðélʲa]
brochet (m)	**λούτσος** (αρ.)	[lʲútsos]
hareng (m)	**ρέγγα** (θηλ.)	[rénga]
pain (m)	**ψωμί** (ουδ.)	[psomí]
fromage (m)	**τυρί** (ουδ.)	[tirí]
sucre (m)	**ζάχαρη** (θηλ.)	[záxari]
sel (m)	**αλάτι** (ουδ.)	[alʲáti]
riz (m)	**ρύζι** (ουδ.)	[rízi]
pâtes (m pl)	**ζυμαρικά** (ουδ.πλ.)	[zimariká]

nouilles (f pl)	**νουντλς** (ουδ.πλ.)	[nudls]
beurre (m)	**βούτυρο** (ουδ.)	[vútiro]
huile (f) végétale	**φυτικό λάδι** (ουδ.)	[fitikó lʲáði]
huile (f) de tournesol	**ηλιέλαιο** (ουδ.)	[iliéleo]
margarine (f)	**μαργαρίνη** (θηλ.)	[marɣaríni]
olives (f pl)	**ελιές** (θηλ.πλ.)	[eliés]
huile (f) d'olive	**ελαιόλαδο** (ουδ.)	[eleólʲaðo]
lait (m)	**γάλα** (ουδ.)	[ɣálʲa]
lait (m) condensé	**συμπυκνωμένο γάλα** (ουδ.)	[simbiknoméno ɣálʲa]
yogourt (m)	**γιαούρτι** (ουδ.)	[ʝaúrti]
crème (f) aigre	**ξινή κρέμα** (θηλ.)	[ksiní kréma]
crème (f) (de lait)	**κρέμα γάλακτος** (θηλ.)	[kréma ɣálʲaktos]
sauce (f) mayonnaise	**μαγιονέζα** (θηλ.)	[maʝonéza]
crème (f) au beurre	**κρέμα** (θηλ.)	[kréma]
gruau (m)	**πλιγούρι** (ουδ.)	[pliɣúri]
farine (f)	**αλεύρι** (ουδ.)	[alévri]
conserves (f pl)	**κονσέρβες** (θηλ.πλ.)	[konsérves]
pétales (m pl) de maïs	**κορν φλέικς** (ουδ.πλ.)	[kornfléjks]
miel (m)	**μέλι** (ουδ.)	[méli]
confiture (f)	**μαρμελάδα** (θηλ.)	[marmelʲáða]
gomme (f) à mâcher	**τσίχλα** (θηλ.)	[tsíxlʲa]

53. Les boissons

eau (f)	**νερό** (ουδ.)	[neró]
eau (f) potable	**πόσιμο νερό** (ουδ.)	[pósimo neró]
eau (f) minérale	**μεταλλικό νερό** (ουδ.)	[metalikó neró]
plate (adj)	**χωρίς ανθρακικό**	[xorís anθrakikó]
gazeuse (l'eau ~)	**ανθρακούχος**	[anθrakúxos]
pétillante (adj)	**ανθρακούχο**	[anθrakúxo]
glace (f)	**πάγος** (αρ.)	[páɣos]
avec de la glace	**με πάγο**	[me páɣo]
sans alcool	**χωρίς αλκοόλ**	[xorís alʲkoólʲ]
boisson (f) non alcoolisée	**αναψυκτικό** (ουδ.)	[anapsiktikó]
rafraîchissement (m)	**αναψυκτικό** (ουδ.)	[anapsiktikó]
limonade (f)	**λεμονάδα** (θηλ.)	[lemonáða]
boissons (f pl) alcoolisées	**αλκοολούχα ποτά** (ουδ.πλ.)	[alʲkoolʲúxa potá]
vin (m)	**κρασί** (ουδ.)	[krasí]
vin (m) blanc	**λευκό κρασί** (ουδ.)	[lefkó krasí]
vin (m) rouge	**κόκκινο κρασί** (ουδ.)	[kókino krasí]
liqueur (f)	**λικέρ** (ουδ.)	[likér]

| champagne (m) | σαμπάνια (θηλ.) | [sambánia] |
| vermouth (m) | βερμούτ (ουδ.) | [vermút] |

whisky (m)	ουίσκι (ουδ.)	[wíski]
vodka (f)	βότκα (θηλ.)	[vótka]
gin (m)	τζιν (ουδ.)	[dzin]
cognac (m)	κονιάκ (ουδ.)	[konják]
rhum (m)	ρούμι (ουδ.)	[rúmi]

café (m)	καφές (αρ.)	[kafés]
café (m) noir	σκέτος καφές (αρ.)	[skétos kafés]
café (m) au lait	καφές με γάλα (αρ.)	[kafés me ɣálʲa]
cappuccino (m)	καπουτσίνο (αρ.)	[kaputsíno]
café (m) soluble	στιγμιαίος καφές (αρ.)	[stiɣmiéos kafes]

lait (m)	γάλα (ουδ.)	[ɣálʲa]
cocktail (m)	κοκτέιλ (ουδ.)	[koktéjlʲ]
cocktail (m) au lait	μιλκσέικ (ουδ.)	[milʲkséjk]

jus (m)	χυμός (αρ.)	[ximós]
jus (m) de tomate	χυμός ντομάτας (αρ.)	[ximós domátas]
jus (m) d'orange	χυμός πορτοκαλιού (αρ.)	[ximós portokaliú]
jus (m) pressé	φρέσκος χυμός (αρ.)	[fréskos ximós]

bière (f)	μπύρα (θηλ.)	[bíra]
bière (f) blonde	ανοιχτόχρωμη μπύρα (θηλ.)	[anixtóxromi bíra]
bière (f) brune	σκούρα μπύρα (θηλ.)	[skúra bíra]

thé (m)	τσάι (ουδ.)	[tsáj]
thé (m) noir	μαύρο τσάι (ουδ.)	[mávro tsaj]
thé (m) vert	πράσινο τσάι (ουδ.)	[prásino tsaj]

54. Les légumes

| légumes (m pl) | λαχανικά (ουδ.πλ.) | [lʲaxaniká] |
| verdure (f) | χόρτα (ουδ.) | [xórta] |

tomate (f)	ντομάτα (θηλ.)	[domáta]
concombre (m)	αγγούρι (ουδ.)	[angúri]
carotte (f)	καρότο (ουδ.)	[karóto]
pomme (f) de terre	πατάτα (θηλ.)	[patáta]
oignon (m)	κρεμμύδι (ουδ.)	[kremíði]
ail (m)	σκόρδο (ουδ.)	[skórðo]

chou (m)	λάχανο (ουδ.)	[lʲáxano]
chou-fleur (m)	κουνουπίδι (ουδ.)	[kunupíði]
chou (m) de Bruxelles	λαχανάκι Βρυξελλών (ουδ.)	[lʲaxanáki vrikselʲón]
brocoli (m)	μπρόκολο (ουδ.)	[brókolʲo]

betterave (f)	**παντζάρι** (ουδ.)	[pandzári]
aubergine (f)	**μελιτζάνα** (θηλ.)	[melidzána]
courgette (f)	**κολοκύθι** (ουδ.)	[kolʲokíθi]
potiron (m)	**κολοκύθα** (θηλ.)	[kolʲokíθa]
navet (m)	**γογγύλι** (ουδ.), **ρέβα** (θηλ.)	[ɣongíli], [réva]
persil (m)	**μαϊντανός** (αρ.)	[majdanós]
fenouil (m)	**άνηθος** (αρ.)	[ániθos]
laitue (f) (salade)	**μαρούλι** (ουδ.)	[marúli]
céleri (m)	**σέλινο** (ουδ.)	[sélino]
asperge (f)	**σπαράγγι** (ουδ.)	[sparángi]
épinard (m)	**σπανάκι** (ουδ.)	[spanáki]
pois (m)	**αρακάς** (αρ.)	[arakás]
fèves (f pl)	**κουκί** (ουδ.)	[kukí]
maïs (m)	**καλαμπόκι** (ουδ.)	[kalʲambóki]
haricot (m)	**κόκκινο φασόλι** (ουδ.)	[kókino fasóli]
poivron (m)	**πιπεριά** (θηλ.)	[piperiá]
radis (m)	**ρεπανάκι** (ουδ.)	[repanáki]
artichaut (m)	**αγκινάρα** (θηλ.)	[anginára]

55. Les fruits. Les noix

fruit (m)	**φρούτο** (ουδ.)	[frúto]
pomme (f)	**μήλο** (ουδ.)	[mílʲo]
poire (f)	**αχλάδι** (ουδ.)	[axlʲáði]
citron (m)	**λεμόνι** (ουδ.)	[lemóni]
orange (f)	**πορτοκάλι** (ουδ.)	[portokáli]
fraise (f)	**φράουλα** (θηλ.)	[fráulʲa]
mandarine (f)	**μανταρίνι** (ουδ.)	[mandaríni]
prune (f)	**δαμάσκηνο** (ουδ.)	[ðamáskino]
pêche (f)	**ροδάκινο** (ουδ.)	[roðákino]
abricot (m)	**βερίκοκο** (ουδ.)	[veríkoko]
framboise (f)	**σμέουρο** (ουδ.)	[zméuro]
ananas (m)	**ανανάς** (αρ.)	[ananás]
banane (f)	**μπανάνα** (θηλ.)	[banána]
pastèque (f)	**καρπούζι** (ουδ.)	[karpúzi]
raisin (m)	**σταφύλι** (ουδ.)	[stafíli]
cerise (f)	**βύσσινο** (ουδ.)	[vísino]
merise (f)	**κεράσι** (ουδ.)	[kerási]
melon (m)	**πεπόνι** (ουδ.)	[pepóni]
pamplemousse (m)	**γκρέιπφρουτ** (ουδ.)	[gréjpfrut]
avocat (m)	**αβοκάντο** (ουδ.)	[avokádo]
papaye (f)	**παπάγια** (θηλ.)	[papája]
mangue (f)	**μάγκο** (ουδ.)	[mángo]
grenade (f)	**ρόδι** (ουδ.)	[róði]

groseille (f) rouge	**κόκκινο φραγκοστάφυλο** (ουδ.)	[kókino frangostáfilʲo]
cassis (m)	**μαύρο φραγκοστάφυλο** (ουδ.)	[mávro frangostáfilʲo]
groseille (f) verte	**λαγοκέρασο** (ουδ.)	[lʲaɣokéraso]
myrtille (f)	**μύρτιλλο** (ουδ.)	[mírtilʲo]
mûre (f)	**βατόμουρο** (ουδ.)	[vatómuro]
raisin (m) sec	**σταφίδα** (θηλ.)	[stafíða]
figue (f)	**σύκο** (ουδ.)	[síko]
datte (f)	**χουρμάς** (αρ.)	[xurmás]
cacahuète (f)	**φυστίκι** (ουδ.)	[fistíki]
amande (f)	**αμύγδαλο** (ουδ.)	[amíɣðalʲo]
noix (f)	**καρύδι** (ουδ.)	[karíði]
noisette (f)	**φουντούκι** (ουδ.)	[fundúki]
noix (f) de coco	**καρύδα** (θηλ.)	[karíða]
pistaches (f pl)	**φυστίκια** (ουδ.πλ.)	[fistíkia]

56. Le pain. Les confiseries

confiserie (f)	**ζαχαροπλαστική** (θηλ.)	[zaxaroplʲastikí]
pain (m)	**ψωμί** (ουδ.)	[psomí]
biscuit (m)	**μπισκότο** (ουδ.)	[biskóto]
chocolat (m)	**σοκολάτα** (θηλ.)	[sokolʲáta]
en chocolat (adj)	**σοκολατένιος**	[sokolʲaténios]
bonbon (m)	**καραμέλα** (θηλ.)	[karamélʲa]
gâteau (m), pâtisserie (f)	**κέικ** (ουδ.)	[kéjk]
tarte (f)	**τούρτα** (θηλ.)	[túrta]
gâteau (m)	**πίτα** (θηλ.)	[píta]
garniture (f)	**γέμιση** (θηλ.)	[ʝémisi]
confiture (f)	**μαρμελάδα** (θηλ.)	[marmelʲáða]
marmelade (f)	**μαρμελάδα** (θηλ.)	[marmelʲáða]
gaufre (f)	**γκοφρέτες** (θηλ.πλ.)	[gofrétes]
glace (f)	**παγωτό** (ουδ.)	[paɣotó]

57. Les épices

sel (m)	**αλάτι** (ουδ.)	[alʲáti]
salé (adj)	**αλμυρός**	[alʲmirós]
saler (vt)	**αλατίζω**	[alʲatízo]
poivre (m) noir	**μαύρο πιπέρι** (ουδ.)	[mávro pipéri]
poivre (m) rouge	**κόκκινο πιπέρι** (ουδ.)	[kókino pipéri]
moutarde (f)	**μουστάρδα** (θηλ.)	[mustárða]

raifort (m)	**χρένο** (ουδ.)	[xréno]
condiment (m)	**μπαχαρικό** (ουδ.)	[baxarikó]
épice (f)	**καρύκευμα** (ουδ.)	[karíkevma]
sauce (f)	**σάλτσα** (θηλ.)	[sálʲtsa]
vinaigre (m)	**ξίδι** (ουδ.)	[ksíði]
anis (m)	**γλυκάνισος** (αρ.)	[ɣlikánisos]
basilic (m)	**βασιλικός** (αρ.)	[vasilikós]
clou (m) de girofle	**γαρίφαλο** (ουδ.)	[ɣarífalʲo]
gingembre (m)	**πιπερόριζα** (θηλ.)	[piperóriza]
coriandre (m)	**κόλιανδρος** (αρ.)	[kólianðros]
cannelle (f)	**κανέλα** (θηλ.)	[kanélʲa]
sésame (m)	**σουσάμι** (ουδ.)	[susámi]
feuille (f) de laurier	**φύλλο δάφνης** (ουδ.)	[fílʲo ðáfnis]
paprika (m)	**πάπρικα** (θηλ.)	[páprika]
cumin (m)	**κύμινο** (ουδ.)	[kímino]
safran (m)	**σαφράν** (ουδ.)	[safrán]

T&P BOOKS

LES DONNÉES PERSONNELLES. LA FAMILLE

T&P Books Publishing

58. Les données personnelles. Les formulaires

prénom (m)	**όνομα** (ουδ.)	[ónoma]
nom (m) de famille	**επώνυμο** (ουδ.)	[epónimo]
date (f) de naissance	**ημερομηνία γέννησης** (θηλ.)	[imerominía ʝénisis]
lieu (m) de naissance	**τόπος γέννησης** (αρ.)	[tópos ʝénisis]
nationalité (f)	**εθνικότητα** (θηλ.)	[eθnikótita]
domicile (m)	**τόπος διαμονής** (αρ.)	[tópos ðiamonís]
pays (m)	**χώρα** (θηλ.)	[xóra]
profession (f)	**επάγγελμα** (ουδ.)	[epángelʲma]
sexe (m)	**φύλο** (ουδ.)	[fílʲo]
taille (f)	**ύψος, μπόι** (ουδ.)	[ípsos], [bói]
poids (m)	**βάρος** (ουδ.)	[város]

59. La famille. Les liens de parenté

mère (f)	**μητέρα** (θηλ.)	[mitéra]
père (m)	**πατέρας** (αρ.)	[patéras]
fils (m)	**γιός** (αρ.)	[ʝos]
fille (f)	**κόρη** (θηλ.)	[kóri]
fille (f) cadette	**μικρότερη κόρη** (ουδ.)	[mikróteri kóri]
fils (m) cadet	**μικρότερος γιός** (αρ.)	[mikróteros ʝos]
fille (f) aînée	**μεγαλύτερη κόρη** (θηλ.)	[meɣalíteri kóri]
fils (m) aîné	**μεγαλύτερος γιός** (αρ.)	[meɣalíteros ʝiós]
frère (m)	**αδερφός** (αρ.)	[aðerfós]
sœur (f)	**αδερφή** (θηλ.)	[aðerfí]
cousin (m)	**ξάδερφος** (αρ.)	[ksáðerfos]
cousine (f)	**ξαδέρφη** (θηλ.)	[ksaðérfi]
maman (f)	**μαμά** (θηλ.)	[mamá]
papa (m)	**μπαμπάς** (αρ.)	[babás]
parents (m pl)	**γονείς** (αρ.πλ.)	[ɣonís]
enfant (m, f)	**παιδί** (ουδ.)	[peðí]
enfants (pl)	**παιδιά** (ουδ.πλ.)	[peðiá]
grand-mère (f)	**γιαγιά** (θηλ.)	[ʝaʝá]
grand-père (m)	**παππούς** (αρ.)	[papús]
petit-fils (m)	**εγγονός** (αρ.)	[engonós]
petite-fille (f)	**εγγονή** (θηλ.)	[engoní]

petits-enfants (pl)	**εγγόνια** (ουδ.πλ.)	[engónia]
oncle (m)	**θείος** (αρ.)	[θíos]
tante (f)	**θεία** (θηλ.)	[θía]
neveu (m)	**ανιψιός** (αρ.)	[anipsiós]
nièce (f)	**ανιψιά** (θηλ.)	[anipsiá]
belle-mère (f)	**πεθερά** (θηλ.)	[peθerá]
beau-père (m)	**πεθερός** (αρ.)	[peθerós]
gendre (m)	**γαμπρός** (αρ.)	[ɣambrós]
belle-mère (f)	**μητριά** (θηλ.)	[mitriá]
beau-père (m)	**πατριός** (αρ.)	[patriós]
nourrisson (m)	**βρέφος** (ουδ.)	[vréfos]
bébé (m)	**βρέφος** (ουδ.)	[vréfos]
petit (m)	**νήπιο** (ουδ.)	[nípio]
femme (f)	**γυναίκα** (θηλ.)	[jinéka]
mari (m)	**άνδρας** (αρ.)	[ánðras]
époux (m)	**σύζυγος** (αρ.)	[síziɣos]
épouse (f)	**σύζυγος** (θηλ.)	[síziɣos]
marié (adj)	**παντρεμένος**	[pandreménos]
mariée (adj)	**παντρεμένη**	[pandreméni]
célibataire (adj)	**ανύπαντρος**	[anípandros]
célibataire (m)	**εργένης** (αρ.)	[erjénis]
divorcé (adj)	**χωρισμένος**	[xorizménos]
veuve (f)	**χήρα** (θηλ.)	[xíra]
veuf (m)	**χήρος** (αρ.)	[xíros]
parent (m)	**συγγενής** (αρ.)	[singenís]
parent (m) proche	**κοντινός συγγενής** (αρ.)	[kondinós singenís]
parent (m) éloigné	**μακρινός συγγενής** (αρ.)	[makrinós singenís]
parents (m pl)	**συγγενείς** (αρ.πλ.)	[singenís]
orphelin (m), orpheline (f)	**ορφανό** (ουδ.)	[orfanó]
tuteur (m)	**κηδεμόνας** (αρ.)	[kiðemónas]
adopter (un garçon)	**υιοθετώ**	[ioθetó]
adopter (une fille)	**υιοθετώ**	[ioθetó]

60. Les amis. Les collègues

ami (m)	**φίλος** (αρ.)	[fílʲos]
amie (f)	**φίλη** (θηλ.)	[fíli]
amitié (f)	**φιλία** (θηλ.)	[filía]
être ami	**κάνω φιλία**	[káno filía]
copain (m)	**φίλος** (αρ.)	[fílʲos]
copine (f)	**φιλενάδα** (θηλ.)	[filenáða]
partenaire (m)	**συνέταιρος** (αρ.)	[sinéteros]
chef (m)	**αφεντικό** (ουδ.)	[afendikó]

supérieur (m)	**προϊστάμενος** (αρ.)	[projstámenos]
subordonné (m)	**υφιστάμενος** (αρ.)	[ifistámenos]
collègue (m, f)	**συνεργάτης** (αρ.)	[sineryátis]
connaissance (f)	**γνωστός** (αρ.)	[ɣnostós]
compagnon (m) de route	**συνταξιδιώτης** (αρ.)	[sindaksiðiótis]
copain (m) de classe	**συμμαθητής** (αρ.)	[simaθitís]
voisin (m)	**γείτονας** (αρ.)	[ʝítonas]
voisine (f)	**γειτόνισσα** (θηλ.)	[ʝitónisa]
voisins (m pl)	**γείτονες** (αρ.πλ.)	[ʝítones]

LE CORPS HUMAIN.
LES MÉDICAMENTS

T&P Books Publishing

61. La tête

tête (f)	**κεφάλι** (ουδ.)	[kefáli]
visage (m)	**πρόσωπο** (ουδ.)	[prósopo]
nez (m)	**μύτη** (θηλ.)	[míti]
bouche (f)	**στόμα** (ουδ.)	[stóma]
œil (m)	**μάτι** (ουδ.)	[máti]
les yeux	**μάτια** (ουδ.πλ.)	[mátia]
pupille (f)	**κόρη** (θηλ.)	[kóri]
sourcil (m)	**φρύδι** (ουδ.)	[fríði]
cil (m)	**βλεφαρίδα** (θηλ.)	[vlefaríða]
paupière (f)	**βλέφαρο** (ουδ.)	[vléfaro]
langue (f)	**γλώσσα** (θηλ.)	[ɣlʲósa]
dent (f)	**δόντι** (ουδ.)	[ðóndi]
lèvres (f pl)	**χείλη** (ουδ.πλ.)	[xíli]
pommettes (f pl)	**ζυγωματικά** (ουδ.πλ.)	[ziɣomatiká]
gencive (f)	**ούλο** (ουδ.)	[úlʲo]
palais (m)	**ουρανίσκος** (αρ.)	[uranískos]
narines (f pl)	**ρουθούνια** (ουδ.πλ.)	[ruθúnia]
menton (m)	**πηγούνι** (ουδ.)	[piɣúni]
mâchoire (f)	**σαγόνι** (ουδ.)	[saɣóni]
joue (f)	**μάγουλο** (ουδ.)	[máɣulʲo]
front (m)	**μέτωπο** (ουδ.)	[métopo]
tempe (f)	**κρόταφος** (αρ.)	[krótafos]
oreille (f)	**αυτί** (ουδ.)	[aftí]
nuque (f)	**πίσω μέρος του κεφαλιού** (ουδ.)	[píso méros tu kefaliú]
cou (m)	**αυχένας , σβέρκος** (αρ.)	[afxénas], [svérkos]
gorge (f)	**λαιμός** (αρ.)	[lemós]
cheveux (m pl)	**μαλλιά** (ουδ.πλ.)	[maliá]
coiffure (f)	**χτένισμα** (ουδ.)	[xténizma]
coupe (f)	**κούρεμα** (ουδ.)	[kúrema]
perruque (f)	**περούκα** (θηλ.)	[perúka]
moustache (f)	**μουστάκι** (ουδ.)	[mustáki]
barbe (f)	**μούσι** (ουδ.)	[músi]
porter (~ la barbe)	**φορώ**	[foró]
tresse (f)	**κοτσίδα** (θηλ.)	[kotsíða]
favoris (m pl)	**φαβορίτες** (θηλ.πλ.)	[favorítes]
roux (adj)	**κοκκινομάλλης**	[kokinomális]
gris, grisonnant (adj)	**γκρίζος**	[grízos]

chauve (adj)	**φαλακρός**	[falʲakrós]
calvitie (f)	**φαλάκρα** (θηλ.)	[falʲákra]
queue (f) de cheval	**αλογοουρά** (θηλ.)	[alʲoɣourá]
frange (f)	**φράντζα** (θηλ.)	[frándza]

62. Le corps humain

main (f)	**χέρι** (ουδ.)	[xéri]
bras (m)	**χέρι** (ουδ.)	[xéri]
doigt (m)	**δάχτυλο** (ουδ.)	[ðáxtilʲo]
pouce (m)	**αντίχειρας** (αρ.)	[andíxiras]
petit doigt (m)	**μικρό δάχτυλο** (ουδ.)	[mikró ðáxtilʲo]
ongle (m)	**νύχι** (ουδ.)	[níxi]
poing (m)	**γροθιά** (θηλ.)	[ɣroθxá]
paume (f)	**παλάμη** (θηλ.)	[palʲámi]
poignet (m)	**καρπός** (αρ.)	[karpós]
avant-bras (m)	**πήχης** (αρ.)	[píxis]
coude (m)	**αγκώνας** (αρ.)	[angónas]
épaule (f)	**ώμος** (αρ.)	[ómos]
jambe (f)	**πόδι** (ουδ.)	[póði]
pied (m)	**πόδι** (ουδ.)	[póði]
genou (m)	**γόνατο** (ουδ.)	[ɣónato]
mollet (m)	**γάμπα** (θηλ.)	[ɣámba]
hanche (f)	**γοφός** (αρ.)	[ɣofós]
talon (m)	**φτέρνα** (θηλ.)	[ftérna]
corps (m)	**σώμα** (ουδ.)	[sóma]
ventre (m)	**κοιλιά** (θηλ.)	[kiliá]
poitrine (f)	**στήθος** (ουδ.)	[stíθos]
sein (m)	**στήθος** (ουδ.)	[stíθos]
côté (m)	**λαγόνα** (θηλ.)	[lʲaɣóna]
dos (m)	**πλάτη** (θηλ.)	[plʲáti]
reins (région lombaire)	**οσφυική χώρα** (θηλ.)	[osfikí xóra]
taille (f) (~ de guêpe)	**οσφύς** (θηλ.)	[osfís]
nombril (m)	**ομφαλός** (αρ.)	[omfalʲós]
fesses (f pl)	**οπίσθια** (ουδ.πλ.)	[opísθxa]
derrière (m)	**πισινός** (αρ.)	[pisinós]
grain (m) de beauté	**ελιά** (θηλ.)	[eliá]
tache (f) de vin	**σημάδι εκ γενετής** (ουδ.)	[simáði ek ʝenetís]
tatouage (m)	**τατουάζ** (ουδ.)	[tatuáz]
cicatrice (f)	**ουλή** (θηλ.)	[ulí]

63. Les maladies

maladie (f)	**αρρώστια** (θηλ.)	[aróstia]
être malade	**είμαι άρρωστος**	[íme árostos]
santé (f)	**υγεία** (θηλ.)	[ijía]
rhume (m) (coryza)	**συνάχι** (ουδ.)	[sináxi]
angine (f)	**αμυγδαλίτιδα** (θηλ.)	[amiɣðalítiða]
refroidissement (m)	**κρυολόγημα** (ουδ.)	[krioljójima]
prendre froid	**κρυολογώ**	[krioljoɣó]
bronchite (f)	**βρογχίτιδα** (θηλ.)	[vronxítiða]
pneumonie (f)	**πνευμονία** (θηλ.)	[pnevmonía]
grippe (f)	**γρίπη** (θηλ.)	[ɣrípi]
myope (adj)	**μύωπας**	[míopas]
presbyte (adj)	**πρεσβύωπας**	[prezvíopas]
strabisme (m)	**στραβισμός** (αρ.)	[stravizmós]
strabique (adj)	**αλλήθωρος**	[alíθoros]
cataracte (f)	**καταρράκτης** (αρ.)	[kataráktis]
glaucome (m)	**γλαύκωμα** (ουδ.)	[ɣljáfkoma]
insulte (f)	**αποπληξία** (θηλ.)	[apopliksía]
crise (f) cardiaque	**έμφραγμα** (ουδ.)	[émfraɣma]
infarctus (m) de myocarde	**έμφραγμα του μυοκαρδίου** (ουδ.)	[émfraɣma tu miokarðíu]
paralysie (f)	**παράλυση** (θηλ.)	[parálisi]
paralyser (vt)	**παραλύω**	[paralío]
allergie (f)	**αλλεργία** (θηλ.)	[alerjía]
asthme (m)	**άσθμα** (ουδ.)	[ásθma]
diabète (m)	**διαβήτης** (αρ.)	[ðiavítis]
mal (m) de dents	**πονόδοντος** (αρ.)	[ponóðondos]
carie (f)	**τερηδόνα** (θηλ.)	[teriðóna]
diarrhée (f)	**διάρροια** (θηλ.)	[ðiária]
constipation (f)	**δυσκοιλιότητα** (θηλ.)	[ðiskiliótita]
estomac (m) barbouillé	**στομαχική διαταραχή** (θηλ.)	[stomaxikí ðiataraxí]
intoxication (f) alimentaire	**τροφική δηλητηρίαση** (θηλ.)	[trofikí ðilitiríasi]
être intoxiqué	**δηλητηριάζομαι**	[ðilitiriázome]
arthrite (f)	**αρθρίτιδα** (θηλ.)	[arθrítiða]
rachitisme (m)	**ραχίτιδα** (θηλ.)	[raxítiða]
rhumatisme (m)	**ρευματισμοί** (αρ.πλ.)	[revmatizmí]
athérosclérose (f)	**αθηροσκλήρωση** (θηλ.)	[aθirosklírosi]
gastrite (f)	**γαστρίτιδα** (θηλ.)	[ɣastrítiða]
appendicite (f)	**σκωληκοειδίτιδα** (θηλ.)	[skolikoiðítiða]

cholécystite (f)	χολοκυστίτιδα (θηλ.)	[xolʲokistítiða]
ulcère (m)	έλκος (ουδ.)	[élʲkos]

rougeole (f)	ιλαρά (θηλ.)	[ilʲará]
rubéole (f)	ερυθρά (θηλ.)	[eriθrá]
jaunisse (f)	ίκτερος (αρ.)	[íkteros]
hépatite (f)	ηπατίτιδα (θηλ.)	[ipatítiða]

schizophrénie (f)	σχιζοφρένεια (θηλ.)	[sxizofrénia]
rage (f) (hydrophobie)	λύσσα (θηλ.)	[lísa]
névrose (f)	νεύρωση (θηλ.)	[névrosi]
commotion (f) cérébrale	διάσειση (θηλ.)	[ðiásisi]

cancer (m)	καρκίνος (αρ.)	[karkínos]
sclérose (f)	σκλήρυνση (θηλ.)	[sklírinsi]
sclérose (f) en plaques	σκλήρυνση κατά πλάκας (θηλ.)	[sklírinsi kataplʲákas]

alcoolisme (m)	αλκοολισμός (αρ.)	[alʲkoolizmós]
alcoolique (m)	αλκοολικός (αρ.)	[alʲkoolikós]
syphilis (f)	σύφιλη (θηλ.)	[sífili]
SIDA (m)	AIDS (ουδ.)	[ejds]

tumeur (f)	όγκος (αρ.)	[óngos]
maligne (adj)	κακοήθης	[kakoíθis]
bénigne (adj)	καλοήθης	[kalʲoíθis]

fièvre (f)	πυρετός (αρ.)	[piretós]
malaria (f)	ελονοσία (θηλ.)	[elʲonosía]
gangrène (f)	γάγγραινα (θηλ.)	[ɣángrena]
mal (m) de mer	ναυτία (θηλ.)	[naftía]
épilepsie (f)	επιληψία (θηλ.)	[epilipsía]

épidémie (f)	επιδημία (θηλ.)	[epiðimía]
typhus (m)	τύφος (αρ.)	[tífos]
tuberculose (f)	φυματίωση (θηλ.)	[fimatíosi]
choléra (m)	χολέρα (θηλ.)	[xoléra]
peste (f)	πανούκλα (θηλ.)	[panúklʲa]

64. Les symptômes. Le traitement. Partie 1

symptôme (m)	σύμπτωμα (ουδ.)	[símptoma]
température (f)	θερμοκρασία (θηλ.)	[θermokrasía]
fièvre (f)	υψηλή θερμοκρασία (θηλ.)	[ipsilí θermokrasía]
pouls (m)	παλμός (αρ.)	[palʲmós]

vertige (m)	ίλιγγος (αρ.)	[ílingos]
chaud (adj)	ζεστός	[zestós]
frisson (m)	ρίγος (ουδ.)	[ríɣos]
pâle (adj)	χλομός	[xlʲomós]

toux (f)	**βήχας** (αρ.)	[víxas]
tousser (vi)	**βήχω**	[víxo]
éternuer (vi)	**φτερνίζομαι**	[fternízome]
évanouissement (m)	**λιποθυμία** (θηλ.)	[lipoθimía]
s'évanouir (vp)	**λιποθυμώ**	[lipoθimó]
bleu (m)	**μελανιά** (θηλ.)	[melʲaniá]
bosse (f)	**καρούμπαλο** (ουδ.)	[karúmbalʲo]
se heurter (vp)	**χτυπάω**	[xtipáo]
meurtrissure (f)	**μώλωπας** (αρ.)	[mólʲopas]
se faire mal	**χτυπάω**	[xtipáo]
boiter (vi)	**κουτσαίνω**	[kutséno]
foulure (f)	**εξάρθρημα** (ουδ.)	[eksárθrima]
se démettre (l'épaule, etc.)	**εξαρθρώνω**	[eksaθróno]
fracture (f)	**κάταγμα** (ουδ.)	[kátaɣma]
avoir une fracture	**παθαίνω κάταγμα**	[paθéno kátaɣma]
coupure (f)	**κόψιμο, σχίσιμο** (ουδ.)	[kópsimo], [sxísimo]
se couper (~ le doigt)	**κόβομαι**	[kóvome]
hémorragie (f)	**αιμορραγία** (θηλ.)	[emoraj̠ía]
brûlure (f)	**έγκαυμα** (ουδ.)	[éngavma]
se brûler (vp)	**καίγομαι**	[kéɣome]
se piquer (le doigt)	**τρυπώ**	[tripó]
se piquer (vp)	**τρυπώ**	[tripó]
blesser (vt)	**τραυματίζω**	[travmatízo]
blessure (f)	**τραυματισμός** (αρ.)	[travmatizmós]
plaie (f) (blessure)	**πληγή** (θηλ.)	[plij̠í]
trauma (m)	**τραύμα** (ουδ.)	[trávma]
délirer (vi)	**παραμιλώ**	[paramilʲó]
bégayer (vi)	**τραυλίζω**	[travlízo]
insolation (f)	**ηλίαση** (θηλ.)	[ilíasi]

65. Les symptômes. Le traitement. Partie 2

douleur (f)	**πόνος** (αρ.)	[pónos]
écharde (f)	**ακίδα** (θηλ.)	[akíða]
sueur (f)	**ιδρώτας** (αρ.)	[iðrótas]
suer (vi)	**ιδρώνω**	[iðróno]
vomissement (m)	**εμετός** (αρ.)	[emetós]
spasmes (m pl)	**σπασμοί** (αρ.πλ.)	[spazmí]
enceinte (adj)	**έγκυος**	[éngios]
naître (vi)	**γεννιέμαι**	[j̠eniéme]
accouchement (m)	**γέννα** (θηλ.)	[j̠éna]
accoucher (vi)	**γεννάω**	[j̠enáo]

avortement (m)	**έκτρωση** (θηλ.)	[éktrosi]
respiration (f)	**αναπνοή** (θηλ.)	[anapnoí]
inhalation (f)	**εισπνοή** (θηλ.)	[ispnoí]
expiration (f)	**εκπνοή** (θηλ.)	[ekpnoí]
expirer (vi)	**εκπνέω**	[ekpnéo]
inspirer (vi)	**εισπνέω**	[ispnéo]
invalide (m)	**ανάπηρος** (αρ.)	[anápiros]
handicapé (m)	**σακάτης** (αρ.)	[sakátis]
drogué (m)	**ναρκομανής** (αρ.)	[narkomanís]
sourd (adj)	**κουφός, κωφός**	[kufós], [kofós]
muet (adj)	**μουγγός**	[mungós]
sourd-muet (adj)	**κωφάλαλος**	[kofálʲalʲos]
fou (adj)	**τρελός**	[trelʲós]
fou (m)	**τρελός** (αρ.)	[trelʲós]
folle (f)	**τρελή** (θηλ.)	[trelí]
devenir fou	**τρελαίνομαι**	[trelénome]
gène (m)	**γονίδιο** (ουδ.)	[ɣoníðio]
immunité (f)	**ανοσία** (θηλ.)	[anosía]
héréditaire (adj)	**κληρονομικός**	[klironomikós]
congénital (adj)	**συγγενής**	[singenís]
virus (m)	**ιός** (αρ.)	[jos]
microbe (m)	**μικρόβιο** (ουδ.)	[mikróvio]
bactérie (f)	**βακτήριο** (ουδ.)	[vaktírio]
infection (f)	**μόλυνση** (θηλ.)	[mólinsi]

66. Les symptômes. Le traitement. Partie 3

hôpital (m)	**νοσοκομείο** (ουδ.)	[nosokomío]
patient (m)	**ασθενής** (αρ.)	[asθenís]
diagnostic (m)	**διάγνωση** (θηλ.)	[ðiáɣnosi]
cure (f) (faire une ~)	**θεραπεία** (θηλ.)	[θerapía]
traitement (m)	**ιατρική περίθαλψη** (θηλ.)	[jatrikí períθalʲpsi]
se faire soigner	**θεραπεύομαι**	[θerapévume]
traiter (un patient)	**περιποιούμαι**	[peripiúme]
soigner (un malade)	**φροντίζω**	[frondízo]
soins (m pl)	**φροντίδα** (θηλ.)	[frondíða]
opération (f)	**εγχείρηση** (θηλ.)	[enxírisi]
panser (vt)	**επιδένω**	[epiðéno]
pansement (m)	**επίδεση** (θηλ.)	[epíðesi]
vaccination (f)	**εμβόλιο** (ουδ.)	[emvólio]
vacciner (vt)	**εμβολιάζω**	[emvoliázo]
piqûre (f)	**ένεση** (θηλ.)	[énesi]

faire une piqûre	**κάνω ένεση**	[káno énesi]
amputation (f)	**ακρωτηριασμός** (αρ.)	[akrotiriazmós]
amputer (vt)	**ακρωτηριάζω**	[akrotiriázo]
coma (m)	**κώμα** (ουδ.)	[kóma]
être dans le coma	**βρίσκομαι σε κώμα**	[vrískome se kóma]
réanimation (f)	**εντατική** (θηλ.)	[endatikí]
se rétablir (vp)	**αναρρώνω**	[anaróno]
état (m) (de santé)	**κατάσταση** (θηλ.)	[katástasi]
conscience (f)	**αισθήσεις** (θηλ.πλ.)	[esθísis]
mémoire (f)	**μνήμη** (θηλ.)	[mními]
arracher (une dent)	**βγάζω**	[vɣázo]
plombage (m)	**σφράγισμα** (ουδ.)	[sfráʝizma]
plomber (vt)	**σφραγίζω**	[sfraʝízo]
hypnose (f)	**ύπνωση** (θηλ.)	[ípnosi]
hypnotiser (vt)	**υπνωτίζω**	[ipnotízo]

67. Les médicaments. Les accessoires

médicament (m)	**φάρμακο** (ουδ.)	[fármako]
remède (m)	**θεραπεία** (θηλ.)	[θerapía]
prescrire (vt)	**γράφω**	[ɣráfo]
ordonnance (f)	**συνταγή** (θηλ.)	[sindaʝí]
comprimé (m)	**χάπι** (ουδ.)	[xápi]
onguent (m)	**αλοιφή** (θηλ.)	[alifí]
ampoule (f)	**αμπούλα** (θηλ.)	[ambúlʲa]
mixture (f)	**διάλυμα** (ουδ.)	[ðiálima]
sirop (m)	**σιρόπι** (ουδ.)	[sirópi]
pilule (f)	**κάψουλα** (θηλ.)	[kápsulʲa]
poudre (f)	**σκόνη** (θηλ.)	[skóni]
bande (f)	**επίδεσμος** (αρ.)	[epíðezmos]
coton (m) (ouate)	**χειρουργικό βαμβάκι** (ουδ.)	[xirurʝikó vamváki]
iode (m)	**ιώδιο** (ουδ.)	[ióðio]
sparadrap (m)	**τσιρότο** (ουδ.)	[tsiróto]
compte-gouttes (m)	**σταγονόμετρο** (ουδ.)	[staɣonómetro]
thermomètre (m)	**θερμόμετρο** (ουδ.)	[θermómetro]
seringue (f)	**σύριγγα** (θηλ.)	[síringa]
fauteuil (m) roulant	**αναπηρικό καροτσάκι** (ουδ.)	[anapirikó karotsáki]
béquilles (f pl)	**πατερίτσες** (θηλ.πλ.)	[paterítses]
anesthésique (m)	**αναλγητικό** (ουδ.)	[analʲʝitikó]
purgatif (m)	**καθαρτικό** (ουδ.)	[kaθartikó]

alcool (m)	**οινόπνευμα** (ουδ.)	[inópnevma]
herbe (f) médicinale	**θεραπευτικά βότανα** (ουδ.πλ.)	[θerapeftiká vótana]
d'herbes (adj)	**από βότανα**	[apó vótana]

L'APPARTEMENT

T&P Books Publishing

68. L'appartement

appartement (m)	**διαμέρισμα** (ουδ.)	[ðiamérizma]
chambre (f)	**δωμάτιο** (ουδ.)	[ðomátio]
chambre (f) à coucher	**υπνοδωμάτιο** (ουδ.)	[ipnoðomátio]
salle (f) à manger	**τραπεζαρία** (θηλ.)	[trapezaría]
salon (m)	**σαλόνι** (ουδ.)	[salʲóni]
bureau (m)	**γραφείο** (ουδ.)	[ɣrafío]
antichambre (f)	**χωλ** (ουδ.)	[xolʲ]
salle (f) de bains	**μπάνιο** (ουδ.)	[bánio]
toilettes (f pl)	**τουαλέτα** (θηλ.)	[tualéta]
plafond (m)	**ταβάνι** (ουδ.)	[taváni]
plancher (m)	**πάτωμα** (ουδ.)	[pátoma]
coin (m)	**γωνία** (θηλ.)	[ɣonía]

69. Les meubles. L'intérieur

meubles (m pl)	**έπιπλα** (ουδ.πλ.)	[épiplʲa]
table (f)	**τραπέζι** (ουδ.)	[trapézi]
chaise (f)	**καρέκλα** (θηλ.)	[karéklʲa]
lit (m)	**κρεβάτι** (ουδ.)	[kreváti]
canapé (m)	**καναπές** (αρ.)	[kanapés]
fauteuil (m)	**πολυθρόνα** (θηλ.)	[poliθróna]
bibliothèque (f) (meuble)	**βιβλιοθήκη** (θηλ.)	[vivlioθíki]
rayon (m)	**ράφι** (ουδ.)	[ráfi]
armoire (f)	**ντουλάπα** (θηλ.)	[dulʲápa]
patère (f)	**κρεμάστρα** (θηλ.)	[kremástra]
portemanteau (m)	**καλόγερος** (αρ.)	[kalʲójeros]
commode (f)	**συρταριέρα** (θηλ.)	[sirtariéra]
table (f) basse	**τραπεζάκι** (ουδ.)	[trapezáki]
miroir (m)	**καθρέφτης** (αρ.)	[kaθréftis]
tapis (m)	**χαλί** (ουδ.)	[xalí]
petit tapis (m)	**χαλάκι** (ουδ.)	[xalʲáki]
cheminée (f)	**τζάκι** (ουδ.)	[dzáki]
bougie (f)	**κερί** (ουδ.)	[kerí]
chandelier (m)	**κηροπήγιο** (ουδ.)	[kiropíjo]
rideaux (m pl)	**κουρτίνες** (θηλ.πλ.)	[kurtínes]

papier (m) peint	**ταπετσαρία** (θηλ.)	[tapetsaría]
jalousie (f)	**στόρια** (ουδ.πλ.)	[stória]
lampe (f) de table	**επιτραπέζιο φωτιστικό** (ουδ.)	[epitrapézio fotistikó]
applique (f)	**φωτιστικό τοίχου** (ουδ.)	[fotistikó tíxu]
lampadaire (m)	**φωτιστικό δαπέδου** (ουδ.)	[fotistikó ðapéðu]
lustre (m)	**πολυέλαιος** (αρ.)	[poliéleos]
pied (m) (~ de la table)	**πόδι** (ουδ.)	[póði]
accoudoir (m)	**μπράτσο** (ουδ.)	[brátso]
dossier (m)	**πλάτη** (θηλ.)	[plʲáti]
tiroir (m)	**συρτάρι** (ουδ.)	[sirtári]

70. La literie

linge (m) de lit	**σεντόνια** (ουδ.πλ.)	[sendónia]
oreiller (m)	**μαξιλάρι** (ουδ.)	[maksilʲári]
taie (f) d'oreiller	**μαξιλαροθήκη** (θηλ.)	[maksilʲaroθíki]
couverture (f)	**πάπλωμα** (ουδ.)	[páplʲoma]
drap (m)	**σεντόνι** (ουδ.)	[sendóni]
couvre-lit (m)	**κουβερλί** (ουδ.)	[kuverlí]

71. La cuisine

cuisine (f)	**κουζίνα** (θηλ.)	[kuzína]
gaz (m)	**γκάζι** (ουδ.)	[gázi]
cuisinière (f) à gaz	**κουζίνα με γκάζι** (θηλ.)	[kuzína me gázi]
cuisinière (f) électrique	**ηλεκτρική κουζίνα** (θηλ.)	[ilektrikí kuzína]
four (m)	**φούρνος** (αρ.)	[fúrnos]
four (m) micro-ondes	**φούρνος μικροκυμάτων** (αρ.)	[fúrnos mikrokimáton]
réfrigérateur (m)	**ψυγείο** (ουδ.)	[psiʝío]
congélateur (m)	**καταψύκτης** (αρ.)	[katapsíktis]
lave-vaisselle (m)	**πλυντήριο πιάτων** (ουδ.)	[plindírio piáton]
hachoir (m) à viande	**κρεατομηχανή** (θηλ.)	[kreatomixaní]
centrifugeuse (f)	**αποχυμωτής** (αρ.)	[apoximotís]
grille-pain (m)	**φρυγανιέρα** (θηλ.)	[friɣaniéra]
batteur (m)	**μίξερ** (ουδ.)	[míkser]
machine (f) à café	**καφετιέρα** (θηλ.)	[kafetiéra]
cafetière (f)	**καφετιέρα** (θηλ.)	[kafetiéra]
moulin (m) à café	**μύλος του καφέ** (αρ.)	[mílʲos tu kafé]
bouilloire (f)	**βραστήρας** (αρ.)	[vrastíras]
théière (f)	**τσαγιέρα** (θηλ.)	[tsaʝéra]

couvercle (m)	**καπάκι** (ουδ.)	[kapáki]
passoire (f) à thé	**σουρωτήρι τσαγιού** (ουδ.)	[surotíri tsaju]
cuillère (f)	**κουτάλι** (ουδ.)	[kutáli]
petite cuillère (f)	**κουταλάκι του γλυκού** (ουδ.)	[kutalʲáki tu ɣlikú]
cuillère (f) à soupe	**κουτάλι της σούπας** (ουδ.)	[kutáli tis súpas]
fourchette (f)	**πιρούνι** (ουδ.)	[pirúni]
couteau (m)	**μαχαίρι** (ουδ.)	[maxéri]
vaisselle (f)	**επιτραπέζια σκεύη** (ουδ.πλ.)	[epitrapézia skévi]
assiette (f)	**πιάτο** (ουδ.)	[piáto]
soucoupe (f)	**πιατάκι** (ουδ.)	[piatáki]
verre (m) à shot	**σφηνοπότηρο** (ουδ.)	[sfinopótiro]
verre (m) (~ d'eau)	**ποτήρι** (ουδ.)	[potíri]
tasse (f)	**φλιτζάνι** (ουδ.)	[flidzáni]
sucrier (m)	**ζαχαριέρα** (θηλ.)	[zaxariéra]
salière (f)	**αλατιέρα** (θηλ.)	[alʲatiéra]
poivrière (f)	**πιπεριέρα** (θηλ.)	[piperiéra]
beurrier (m)	**βουτυριέρα** (θηλ.)	[vutiriéra]
casserole (f)	**κατσαρόλα** (θηλ.)	[katsarólʲa]
poêle (f)	**τηγάνι** (ουδ.)	[tiɣáni]
louche (f)	**κουτάλα** (θηλ.)	[kutálʲa]
passoire (f)	**σουρωτήρι** (ουδ.)	[surotíri]
plateau (m)	**δίσκος** (αρ.)	[ðískos]
bouteille (f)	**μπουκάλι** (ουδ.)	[bukáli]
bocal (m) (à conserves)	**βάζο** (ουδ.)	[vázo]
boîte (f) en fer-blanc	**κουτί** (ουδ.)	[kutí]
ouvre-bouteille (m)	**ανοιχτήρι** (ουδ.)	[anixtíri]
ouvre-boîte (m)	**ανοιχτήρι** (ουδ.)	[anixtíri]
tire-bouchon (m)	**τιρμπουσόν** (ουδ.)	[tirbusón]
filtre (m)	**φίλτρο** (ουδ.)	[fílʲtro]
filtrer (vt)	**φιλτράρω**	[filʲtráro]
ordures (f pl)	**σκουπίδια** (ουδ.πλ.)	[skupíðia]
poubelle (f)	**κάδος σκουπιδιών** (αρ.)	[káðos skupiðión]

72. La salle de bains

salle (f) de bains	**μπάνιο** (ουδ.)	[bánio]
eau (f)	**νερό** (ουδ.)	[neró]
robinet (m)	**βρύση** (ουδ.)	[vrísi]
eau (f) chaude	**ζεστό νερό** (ουδ.)	[zestó neró]
eau (f) froide	**κρύο νερό** (ουδ.)	[krío neró]

| dentifrice (m) | οδοντόκρεμα (θηλ.) | [oðondókrema] |
| se brosser les dents | πλένω τα δόντια | [pléno ta ðóndia] |

se raser (vp)	ξυρίζομαι	[ksirízome]
mousse (f) à raser	αφρός ξυρίσματος (αρ.)	[afrós ksirízmatos]
rasoir (m)	ξυράφι (ουδ.)	[ksiráfi]

laver (vt)	πλένω	[pléno]
se laver (vp)	πλένομαι	[plénome]
douche (f)	ντουζ (ουδ.)	[duz]
prendre une douche	κάνω ντουζ	[káno duz]

baignoire (f)	μπανιέρα (θηλ.)	[baniéra]
cuvette (f)	λεκάνη (θηλ.)	[lekáni]
lavabo (m)	νιπτήρας (αρ.)	[niptíras]

| savon (m) | σαπούνι (ουδ.) | [sapúni] |
| porte-savon (m) | σαπουνοθήκη (θηλ.) | [sapunoθíki] |

éponge (f)	σφουγγάρι (ουδ.)	[sfungári]
shampooing (m)	σαμπουάν (ουδ.)	[sambuán]
serviette (f)	πετσέτα (θηλ.)	[petséta]
peignoir (m) de bain	μπουρνούζι (ουδ.)	[burnúzi]

lessive (f) (faire la ~)	μπουγάδα (θηλ.)	[buɣáða]
machine (f) à laver	πλυντήριο ρούχων (ουδ.)	[plindírio rúxon]
faire la lessive	πλένω τα σεντόνια	[pléno ta sendónia]
lessive (f) (poudre)	απορρυπαντικό (ουδ.)	[aporipandikó]

73. Les appareils électroménagers

téléviseur (m)	τηλεόραση (θηλ.)	[tileórasi]
magnétophone (m)	κασετόφωνο (ουδ.)	[kasetófono]
magnétoscope (m)	συσκευή βίντεο (θηλ.)	[siskeví vídeo]
radio (f)	ραδιόφωνο (ουδ.)	[raðiófono]
lecteur (m)	πλέιερ (ουδ.)	[pléjer]

vidéoprojecteur (m)	βιντεοπροβολέας (αρ.)	[videoprovoléas]
home cinéma (m)	οικιακός κινηματογράφος (αρ.)	[ikiakós kinimatoɣráfos]
lecteur DVD (m)	συσκευή DVD (θηλ.)	[siskeví dividí]
amplificateur (m)	ενισχυτής (αρ.)	[enisxitís]
console (f) de jeux	κονσόλα παιχνιδιών (θηλ.)	[konsólʲa pexniðion]

caméscope (m)	βιντεοκάμερα (θηλ.)	[videokámera]
appareil (m) photo	φωτογραφική μηχανή (θηλ.)	[fotoɣrafikí mixaní]
appareil (m) photo numérique	ψηφιακή φωτογραφική μηχανή (θηλ.)	[psifiakí fotoɣrafikí mixaní]
aspirateur (m)	ηλεκτρική σκούπα (θηλ.)	[ilektrikí skúpa]

fer (m) à repasser	**σίδερο** (ουδ.)	[síðero]
planche (f) à repasser	**σιδερώστρα** (θηλ.)	[siðeróstra]
téléphone (m)	**τηλέφωνο** (ουδ.)	[tiléfono]
portable (m)	**κινητό τηλέφωνο** (ουδ.)	[kinitó tiléfono]
machine (f) à écrire	**γραφομηχανή** (θηλ.)	[ɣrafomixaní]
machine (f) à coudre	**ραπτομηχανή** (θηλ.)	[raptomixaní]
micro (m)	**μικρόφωνο** (ουδ.)	[mikrófono]
écouteurs (m pl)	**ακουστικά** (ουδ.πλ.)	[akustiká]
télécommande (f)	**τηλεχειριστήριο** (ουδ.)	[tilexiristírio]
CD (m)	**συμπαγής δίσκος** (αρ.)	[simpaʝís ðískos]
cassette (f)	**κασέτα** (θηλ.)	[kaséta]
disque (m) (vinyle)	**δίσκος βινυλίου** (αρ.)	[ðískos vinilíu]

LA TERRE. LE TEMPS

T&P Books Publishing

74. L'espace cosmique

cosmos (m)	**διάστημα** (ουδ.)	[ðiástima]
cosmique (adj)	**διαστημικός**	[ðiastimikós]
espace (m) cosmique	**απώτερο διάστημα** (ουδ.)	[apótero ðiástima]
monde, univers (m)	**σύμπαν** (ουδ.)	[símban]
galaxie (f)	**γαλαξίας** (αρ.)	[ɣalʲaksías]
étoile (f)	**αστέρας** (αρ.)	[astéras]
constellation (f)	**αστερισμός** (αρ.)	[asterizmós]
planète (f)	**πλανήτης** (αρ.)	[plʲanítis]
satellite (m)	**δορυφόρος** (αρ.)	[ðorifóros]
météorite (m)	**μετεωρίτης** (αρ.)	[meteorítis]
comète (f)	**κομήτης** (αρ.)	[komítis]
astéroïde (m)	**αστεροειδής** (αρ.)	[asteroiðís]
orbite (f)	**τροχιά** (θηλ.)	[troxiá]
tourner (vi)	**περιστρέφομαι**	[peristréfome]
atmosphère (f)	**ατμόσφαιρα** (θηλ.)	[atmósfera]
Soleil (m)	**Ήλιος** (αρ.)	[ílios]
système (m) solaire	**ηλιακό σύστημα** (ουδ.)	[iliakó sístima]
éclipse (f) de soleil	**έκλειψη ηλίου** (θηλ.)	[éklipsi ilíu]
Terre (f)	**Γη** (θηλ.)	[ʝi]
Lune (f)	**Σελήνη** (θηλ.)	[selíni]
Mars (m)	**Άρης** (αρ.)	[áris]
Vénus (f)	**Αφροδίτη** (θηλ.)	[afroðíti]
Jupiter (m)	**Δίας** (αρ.)	[ðías]
Saturne (m)	**Κρόνος** (αρ.)	[krónos]
Mercure (m)	**Ερμής** (αρ.)	[ermís]
Uranus (m)	**Ουρανός** (αρ.)	[uranós]
Neptune	**Ποσειδώνας** (αρ.)	[posiðónas]
Pluton (m)	**Πλούτωνας** (αρ.)	[plʲútonas]
la Voie Lactée	**Γαλαξίας** (αρ.)	[ɣalʲaksías]
la Grande Ours	**Μεγάλη Άρκτος** (θηλ.)	[meɣáli árktos]
la Polaire	**Πολικός Αστέρας** (αρ.)	[polikós astéras]
martien (m)	**Αρειανός** (αρ.)	[arianós]
extraterrestre (m)	**εξωγήινος** (αρ.)	[eksoʝíinos]
alien (m)	**εξωγήινος** (αρ.)	[eksoʝíinos]

soucoupe (f) volante	**ιπτάμενος δίσκος** (αρ.)	[iptámenos ðískos]
vaisseau (m) spatial	**διαστημόπλοιο** (ουδ.)	[ðiastimóplio]
station (f) orbitale	**διαστημικός σταθμός** (αρ.)	[ðiastimikós staθmós]
lancement (m)	**εκτόξευση** (θηλ.)	[ektóksefsi]
moteur (m)	**κινητήρας** (αρ.)	[kinitíras]
tuyère (f)	**ακροφύσιο** (ουδ.)	[akrofísio]
carburant (m)	**καύσιμο** (ουδ.)	[káfsimo]
cabine (f)	**πιλοτήριο** (ουδ.)	[piľotírio]
antenne (f)	**κεραία** (θηλ.)	[keréa]
hublot (m)	**φινιστρίνι** (ουδ.)	[finistríni]
batterie (f) solaire	**ηλιακός συλλέκτης** (αρ.)	[iliakós siléktis]
scaphandre (m)	**στολή αστροναύτη** (θηλ.)	[stolí astronáfti]
apesanteur (f)	**έλλειψη βαρύτητας** (θηλ.)	[élipsi varítitas]
oxygène (m)	**οξυγόνο** (ουδ.)	[oksiɣóno]
arrimage (m)	**πρόσδεση** (θηλ.)	[prózðesi]
s'arrimer à ...	**προσδένω**	[prozðéno]
observatoire (m)	**αστεροσκοπείο** (ουδ.)	[asteroskopío]
télescope (m)	**τηλεσκόπιο** (ουδ.)	[tileskópio]
observer (vt)	**παρατηρώ**	[paratiró]
explorer (un cosmos)	**ερευνώ**	[erevnó]

75. La Terre

Terre (f)	**Γη** (θηλ.)	[ji]
globe (m) terrestre	**υδρόγειος** (θηλ.)	[iðrójios]
planète (f)	**πλανήτης** (αρ.)	[pľanítis]
atmosphère (f)	**ατμόσφαιρα** (θηλ.)	[atmósfera]
géographie (f)	**γεωγραφία** (θηλ.)	[jeoɣrafía]
nature (f)	**φύση** (θηλ.)	[físi]
globe (m) de table	**υδρόγειος** (θηλ.)	[iðrójios]
carte (f)	**χάρτης** (αρ.)	[xártis]
atlas (m)	**άτλας** (αρ.)	[átľas]
Europe (f)	**Ευρώπη** (θηλ.)	[evrópi]
Asie (f)	**Ασία** (θηλ.)	[asía]
Afrique (f)	**Αφρική** (θηλ.)	[afrikí]
Australie (f)	**Αυστραλία** (θηλ.)	[afstralía]
Amérique (f)	**Αμερική** (θηλ.)	[amerikí]
Amérique (f) du Nord	**Βόρεια Αμερική** (θηλ.)	[vória amerikí]
Amérique (f) du Sud	**Νότια Αμερική** (θηλ.)	[nótia amerikí]

l'Antarctique (m)	**Ανταρκτική** (θηλ.)	[andarktikí]
l'Arctique (m)	**Αρκτική** (θηλ.)	[arktikí]

76. Les quatre parties du monde

nord (m)	**βορράς** (αρ.)	[vorás]
vers le nord	**προς το βορρά**	[pros to vorá]
au nord	**στο βορρά**	[sto vorá]
du nord (adj)	**βόρειος**	[vórios]
sud (m)	**νότος** (αρ.)	[nótos]
vers le sud	**προς το νότο**	[pros to nóto]
au sud	**στο νότο**	[sto nóto]
du sud (adj)	**νότιος**	[nótios]
ouest (m)	**δύση** (θηλ.)	[ðísi]
vers l'occident	**προς τη δύση**	[pros ti ðísi]
à l'occident	**στη δύση**	[sti ðísi]
occidental (adj)	**δυτικός**	[ðitikós]
est (m)	**ανατολή** (θηλ.)	[anatolí]
vers l'orient	**προς την ανατολή**	[pros tin anatolí]
à l'orient	**στην ανατολή**	[stin anatolí]
oriental (adj)	**ανατολικός**	[anatolikós]

77. Les océans et les mers

mer (f)	**θάλασσα** (θηλ.)	[θálʲasa]
océan (m)	**ωκεανός** (αρ.)	[okeanós]
golfe (m)	**κόλπος** (αρ.)	[kólʲpos]
détroit (m)	**πορθμός** (αρ.)	[porθmós]
continent (m)	**ήπειρος** (θηλ.)	[íperos]
île (f)	**νησί** (ουδ.)	[nisí]
presqu'île (f)	**χερσόνησος** (θηλ.)	[xersónisos]
archipel (m)	**αρχιπέλαγος** (ουδ.)	[arxipélʲaɣos]
baie (f)	**κόλπος** (αρ.)	[kólʲpos]
port (m)	**λιμάνι** (ουδ.)	[limáni]
lagune (f)	**λιμνοθάλασσα** (θηλ.)	[limnoθálʲasa]
cap (m)	**ακρωτήρι** (ουδ.)	[akrotíri]
atoll (m)	**ατόλη** (θηλ.)	[atóli]
récif (m)	**ύφαλος** (αρ.)	[ífalʲos]
corail (m)	**κοράλλι** (ουδ.)	[koráli]
récif (m) de corail	**κοραλλιογενής ύφαλος** (αρ.)	[koraliojenís ifalʲos]
profond (adj)	**βαθύς**	[vaθís]

profondeur (f)	βάθος (ουδ.)	[váθos]
abîme (m)	άβυσσος (θηλ.)	[ávisos]
fosse (f) océanique	τάφρος (θηλ.)	[táfros]
courant (m)	ρεύμα (ουδ.)	[révma]
baigner (vt) (mer)	περιβρέχω	[perivréxo]
littoral (m)	παραλία (θηλ.)	[paralía]
côte (f)	ακτή (θηλ.)	[aktí]
marée (f) haute	πλημμυρίδα (θηλ.)	[plimiríða]
marée (f) basse	παλίρροια (θηλ.)	[palíria]
banc (m) de sable	ρηχά (ουδ.πλ.)	[rixá]
fond (m)	πάτος (αρ.)	[pátos]
vague (f)	κύμα (ουδ.)	[kíma]
crête (f) de la vague	κορυφή (θηλ.)	[korifí]
mousse (f)	αφρός (αρ.)	[afrós]
tempête (f) en mer	καταιγίδα (θηλ.)	[kateʲíða]
ouragan (m)	τυφώνας (αρ.)	[tifónas]
tsunami (m)	τσουνάμι (ουδ.)	[tsunámi]
calme (m)	νηνεμία (θηλ.)	[ninemía]
calme (tranquille)	ήσυχος	[ísixos]
pôle (m)	πόλος (αρ.)	[pólʲos]
polaire (adj)	πολικός	[polikós]
latitude (f)	γεωγραφικό πλάτος (ουδ.)	[ʲeoɣrafikó plʲátos]
longitude (f)	μήκος (ουδ.)	[míkos]
parallèle (f)	παράλληλος (αρ.)	[parálilʲos]
équateur (m)	ισημερινός (αρ.)	[isimerinós]
ciel (m)	ουρανός (αρ.)	[uranós]
horizon (m)	ορίζοντας (αρ.)	[orízondas]
air (m)	αέρας (αρ.)	[aéras]
phare (m)	φάρος (αρ.)	[fáros]
plonger (vi)	βουτάω	[vutáo]
sombrer (vi)	βυθίζομαι	[viθízome]
trésor (m)	θησαυροί (αρ.πλ.)	[θisavrí]

78. Les noms des mers et des océans

océan (m) Atlantique	Ατλαντικός Ωκεανός (αρ.)	[atlʲandikós okeanós]
océan (m) Indien	Ινδικός Ωκεανός (αρ.)	[inðikós okeanós]
océan (m) Pacifique	Ειρηνικός Ωκεανός (αρ.)	[irinikós okeanós]
océan (m) Glacial	Αρκτικός Ωκεανός (αρ.)	[arktikós okeanós]
mer (f) Noire	Μαύρη Θάλασσα (θηλ.)	[mávri θálʲasa]
mer (f) Rouge	Ερυθρά Θάλασσα (θηλ.)	[eriθrá θálʲasa]

mer (f) Jaune	**Κίτρινη Θάλασσα** (θηλ.)	[kítrini θálʲasa]
mer (f) Blanche	**Λευκή Θάλασσα** (θηλ.)	[lefkí θálʲasa]
mer (f) Caspienne	**Κασπία Θάλασσα** (θηλ.)	[kaspía θálʲasa]
mer (f) Morte	**Νεκρά Θάλασσα** (θηλ.)	[nekrá θalʲasa]
mer (f) Méditerranée	**Μεσόγειος Θάλασσα** (θηλ.)	[mesóȷ̯ios θálʲasa]
mer (f) Égée	**Αιγαίο** (ουδ.)	[eȷ̯éo]
mer (f) Adriatique	**Αδριατική** (θηλ.)	[aðriatikí]
mer (f) Arabique	**Αραβική Θάλασσα** (θηλ.)	[aravikí θálʲasa]
mer (f) du Japon	**Ιαπωνική Θάλασσα** (θηλ.)	[japonikí θálʲasa]
mer (f) de Béring	**Βερίγγειος Θάλασσα** (θηλ.)	[veríngios θálʲasa]
mer (f) de Chine Méridionale	**Νότια Κινέζικη Θάλασσα** (θηλ.)	[nótia kinéziki θálʲasa]
mer (f) de Corail	**Θάλασσα των Κοραλλίων** (θηλ.)	[θálʲasa tonkoralíon]
mer (f) de Tasman	**Θάλασσα της Τασμανίας** (θηλ.)	[θálʲasa tis tazmanías]
mer (f) Caraïbe	**Καραϊβική θάλασσα** (θηλ.)	[karaivikí θálʲasa]
mer (f) de Barents	**Θάλασσα Μπάρεντς** (θηλ.)	[θalʲasa bárents]
mer (f) de Kara	**Θάλασσα του Κάρα** (θηλ.)	[θalʲasa tu kára]
mer (f) du Nord	**Βόρεια Θάλασσα** (θηλ.)	[vória θálʲasa]
mer (f) Baltique	**Βαλτική Θάλασσα** (θηλ.)	[valʲtikí θálʲasa]
mer (f) de Norvège	**Νορβηγική Θάλασσα** (θηλ.)	[norviȷ̯ikí θálʲasa]

79. Les montagnes

montagne (f)	**βουνό** (ουδ.)	[vunó]
chaîne (f) de montagnes	**οροσειρά** (θηλ.)	[orosirá]
crête (f)	**κορυφογραμμή** (θηλ.)	[korifoɣramí]
sommet (m)	**κορυφή** (θηλ.)	[korifí]
pic (m)	**κορυφή** (θηλ.)	[korifí]
pied (m)	**πρόποδες** (αρ.πλ.)	[própoðes]
pente (f)	**πλαγιά** (θηλ.)	[plʲaȷ̯á]
volcan (m)	**ηφαίστειο** (ουδ.)	[iféstio]
volcan (m) actif	**ενεργό ηφαίστειο** (ουδ.)	[enerɣó iféstio]
volcan (m) éteint	**σβησμένο ηφαίστειο** (ουδ.)	[svizméno iféstio]
éruption (f)	**έκρηξη** (θηλ.)	[ékriksi]
cratère (m)	**κρατήρας** (αρ.)	[kratíras]
magma (m)	**μάγμα** (ουδ.)	[máɣma]
lave (f)	**λάβα** (θηλ.)	[lʲáva]
en fusion (lave ~)	**πυρακτωμένος**	[piraktoménos]

canyon (m)	**φαράγγι** (ουδ.)	[farángi]
défilé (m) (gorge)	**φαράγγι** (ουδ.)	[farángi]
crevasse (f)	**ρωγμή** (θηλ.)	[roɣmí]
col (m) de montagne	**διάσελο** (ουδ.)	[ðiáselo]
plateau (m)	**οροπέδιο** (ουδ.)	[oropéðio]
rocher (m)	**γκρεμός** (αρ.)	[gremós]
colline (f)	**λόφος** (αρ.)	[lʲófos]
glacier (m)	**παγετώνας** (αρ.)	[paʝetónas]
chute (f) d'eau	**καταρράκτης** (αρ.)	[kataráktis]
geyser (m)	**θερμοπίδακας** (αρ.)	[θermopíðakas]
lac (m)	**λίμνη** (θηλ.)	[límni]
plaine (f)	**πεδιάδα** (θηλ.)	[peðiáða]
paysage (m)	**τοπίο** (ουδ.)	[topío]
écho (m)	**ηχώ** (θηλ.)	[ixó]
alpiniste (m)	**ορειβάτης** (αρ.)	[orivátis]
varappeur (m)	**ορειβάτης** (αρ.)	[orivátis]
conquérir (vt)	**κατακτώ**	[kataktó]
ascension (f)	**ανάβαση** (θηλ.)	[anávasi]

80. Les noms des chaînes de montagne

Alpes (f pl)	**Άλπεις** (θηλ.πλ.)	[álʲpis]
Mont Blanc (m)	**Λευκό Όρος** (ουδ.)	[lefkó oros]
Pyrénées (f pl)	**Πυρηναία** (ουδ.πλ.)	[pirinéa]
Carpates (f pl)	**Καρπάθια Όρη** (ουδ.πλ.)	[karpáθxa óri]
Monts Oural (m pl)	**Ουράλια** (ουδ.πλ.)	[urália]
Caucase (m)	**Καύκασος** (αρ.)	[káfkasos]
Elbrous (m)	**Ελμπρούς** (ουδ.)	[elʲbrús]
Altaï (m)	**όρη Αλτάι** (ουδ.πλ.)	[óri alʲtáj]
Pamir (m)	**Παμίρ** (ουδ.)	[pamír]
Himalaya (m)	**Ιμαλάια** (ουδ.πλ.)	[imalʲája]
Everest (m)	**Έβερεστ** (ουδ.)	[éverest]
Andes (f pl)	**Άνδεις** (θηλ.πλ.)	[ánðis]
Kilimandjaro (m)	**Κιλιμαντζάρο** (ουδ.)	[kilimandzáro]

81. Les fleuves

rivière (f), fleuve (m)	**ποταμός** (αρ.)	[potamós]
source (f)	**πηγή** (θηλ.)	[piʝí]
lit (m) (d'une rivière)	**κοίτη** (θηλ.)	[kíti]
bassin (m)	**λεκάνη** (θηλ.)	[lekáni]

se jeter dans ...	**εκβάλλω στο ...**	[ekváľo sto]
affluent (m)	**παραπόταμος** (αρ.)	[parapótamos]
rive (f)	**ακτή** (θηλ.)	[aktí]
courant (m)	**ρεύμα** (ουδ.)	[révma]
en aval	**στη φορά του ρεύματος**	[sti forá tu révmatos]
en amont	**κόντρα στο ρεύμα**	[kóndra sto révma]
inondation (f)	**πλημμύρα** (θηλ.)	[plimíra]
les grandes crues	**ξεχείλισμα** (ουδ.)	[ksexílizma]
déborder (vt)	**πλημμυρίζω**	[plimirízo]
inonder (vt)	**πλημμυρίζω**	[plimirízo]
bas-fond (m)	**ρηχά** (ουδ.πλ.)	[rixá]
rapide (m)	**ορμητικό ρεύμα** (ουδ.)	[ormitikó révma]
barrage (m)	**φράγμα** (ουδ.)	[fráɣma]
canal (m)	**κανάλι** (ουδ.)	[kanáli]
lac (m) de barrage	**ταμιευτήρας** (αρ.)	[tamieftíras]
écluse (f)	**θυρόφραγμα** (ουδ.)	[θirófraɣma]
plan (m) d'eau	**νερόλακκος** (αρ.)	[neróľakos]
marais (m)	**έλος** (ουδ.)	[éľos]
fondrière (f)	**βάλτος** (αρ.)	[váľtos]
tourbillon (m)	**δίνη** (θηλ.)	[ðíni]
ruisseau (m)	**ρυάκι** (ουδ.)	[riáki]
potable (adj)	**πόσιμο**	[pósimo]
douce (l'eau ~)	**γλυκό**	[ɣlikó]
glace (f)	**πάγος** (αρ.)	[páɣos]
être gelé	**παγώνω**	[paɣóno]

82. Les noms des fleuves

Seine (f)	**Σηκουάνας** (αρ.)	[sikuánas]
Loire (f)	**Λίγηρας** (αρ.)	[líjiras]
Tamise (f)	**Τάμεσης** (αρ.)	[támesis]
Rhin (m)	**Ρήνος** (αρ.)	[rínos]
Danube (m)	**Δούναβης** (αρ.)	[ðúnavis]
Volga (f)	**Βόλγας** (αρ.)	[vóľɣas]
Don (m)	**Ντον** (αρ.)	[don]
Lena (f)	**Λένας** (αρ.)	[lénas]
Huang He (m)	**Κίτρινος Ποταμός** (αρ.)	[kítrinos potamós]
Yangzi Jiang (m)	**Γιανγκτσέ** (αρ.)	[jangtsé]
Mékong (m)	**Μεκόνγκ** (αρ.)	[mekóng]

Gange (m)	**Γάγγης** (αρ.)	[ɣángis]
Nil (m)	**Νείλος** (αρ.)	[níl^jos]
Congo (m)	**Κονγκό** (αρ.)	[kongó]
Okavango (m)	**Οκαβάνγκο** (αρ.)	[okavángo]
Zambèze (m)	**Ζαμβέζης** (αρ.)	[zamvézis]
Limpopo (m)	**Λιμπόπο** (αρ.)	[limbópo]
Mississippi (m)	**Μισισιπής** (αρ.)	[misisipís]

83. La forêt

forêt (f)	**δάσος** (ουδ.)	[ðásos]
forestier (adj)	**του δάσους**	[tu ðásus]
fourré (m)	**πυκνό δάσος** (ουδ.)	[piknó ðásos]
bosquet (m)	**άλσος** (ουδ.)	[ál^jsos]
clairière (f)	**ξέφωτο** (ουδ.)	[kséfoto]
broussailles (f pl)	**λόχμη** (θηλ.)	[l^jóxmi]
taillis (m)	**θαμνότοπος** (αρ.)	[θamnótopos]
sentier (m)	**μονοπάτι** (ουδ.)	[monopáti]
ravin (m)	**χαράδρα** (θηλ.)	[xaráðra]
arbre (m)	**δέντρο** (ουδ.)	[ðéndro]
feuille (f)	**φύλλο** (ουδ.)	[fíl^jo]
feuillage (m)	**φύλλωμα** (ουδ.)	[fíl^joma]
chute (f) de feuilles	**φυλλοβολία** (θηλ.)	[fil^jovolía]
tomber (feuilles)	**πέφτω**	[péfto]
sommet (m)	**κορυφή** (θηλ.)	[korifí]
rameau (m)	**κλαδί** (ουδ.)	[klaðí]
branche (f)	**μεγάλο κλαδί** (ουδ.)	[meɣál^jo kl^jaðí]
bourgeon (m)	**μπουμπούκι** (ουδ.)	[bubúki]
aiguille (f)	**βελόνα** (θηλ.)	[vel^jóna]
pomme (f) de pin	**κουκουνάρι** (ουδ.)	[kukunári]
creux (m)	**φωλιά στο δέντρο** (θηλ.)	[foliá sto ðéndro]
nid (m)	**φωλιά** (θηλ.)	[foliá]
terrier (m) (~ d'un renard)	**φωλιά** (θηλ.), **λαγούμι** (ουδ.)	[foliá], [l^jaɣúmi]
tronc (m)	**κορμός** (αρ.)	[kormós]
racine (f)	**ρίζα** (θηλ.)	[ríza]
écorce (f)	**φλοιός** (αρ.)	[fliós]
mousse (f)	**βρύο** (ουδ.)	[vrío]
déraciner (vt)	**ξεριζώνω**	[kserizóno]
abattre (un arbre)	**κόβω**	[kóvo]
déboiser (vt)	**αποψιλώνω**	[apopsil^jóno]
souche (f)	**κομμένος κορμός** (αρ.)	[koménos kormós]

feu (m) de bois	**φωτιά** (θηλ.)	[fotiá]
incendie (m)	**πυρκαγιά** (θηλ.)	[pirkaʝá]
éteindre (feu)	**σβήνω**	[zvíno]
garde (m) forestier	**δασοφύλακας** (αρ.)	[ðasofílʲakas]
protection (f)	**προστασία** (θηλ.)	[prostasía]
protéger (vt)	**προστατεύω**	[prostatévo]
braconnier (m)	**λαθροθήρας** (αρ.)	[lʲaθroθíras]
piège (m) à mâchoires	**δόκανο** (ουδ.)	[ðókano]
cueillir (vt)	**μαζεύω**	[mazévo]
s'égarer (vp)	**χάνομαι**	[xánome]

84. Les ressources naturelles

ressources (f pl) naturelles	**φυσικοί πόροι** (αρ.πλ.)	[fisikí póri]
minéraux (m pl)	**ορυκτά** (ουδ.πλ.)	[oriktá]
gisement (m)	**κοιτάσματα** (ουδ.πλ.)	[kitázmata]
champ (m) (~ pétrolifère)	**κοίτασμα** (ουδ.)	[kítazma]
extraire (vt)	**εξορύσσω**	[eksoríso]
extraction (f)	**εξόρυξη** (θηλ.)	[eksóriksi]
minerai (m)	**μετάλλευμα** (ουδ.)	[metálevma]
mine (f) (site)	**μεταλλείο, ορυχείο** (ουδ.)	[metalío], [orixío]
puits (m) de mine	**φρεάτιο ορυχείου** (ουδ.)	[freátio orixíu]
mineur (m)	**ανθρακωρύχος** (αρ.)	[anθrakoríxos]
gaz (m)	**αέριο** (ουδ.)	[aério]
gazoduc (m)	**αγωγός αερίου** (αρ.)	[aɣoɣós aeríu]
pétrole (m)	**πετρέλαιο** (ουδ.)	[petréleo]
pipeline (m)	**πετρελαιαγωγός** (αρ.)	[petreleaɣoɣós]
tour (f) de forage	**πετρελαιοπηγή** (θηλ.)	[petreleopiʝí]
derrick (m)	**πύργος διατρήσεων** (αρ.)	[pírɣos ðiatríseon]
pétrolier (m)	**τάνκερ** (ουδ.)	[tánker]
sable (m)	**άμμος** (θηλ.)	[ámos]
calcaire (m)	**ασβεστόλιθος** (αρ.)	[asvestóliθos]
gravier (m)	**χαλίκι** (ουδ.)	[xalíki]
tourbe (f)	**τύρφη** (θηλ.)	[tírfi]
argile (f)	**πηλός** (αρ.)	[pilʲós]
charbon (m)	**γαιάνθρακας** (αρ.)	[ɣeánθrakas]
fer (m)	**σιδηρομετάλλευμα** (ουδ.)	[siðirometálevma]
or (m)	**χρυσάφι** (ουδ.)	[xrisáfi]
argent (m)	**ασήμι** (ουδ.)	[asími]
nickel (m)	**νικέλιο** (ουδ.)	[nikélio]
cuivre (m)	**χαλκός** (αρ.)	[xalʲkós]
zinc (m)	**ψευδάργυρος** (αρ.)	[psevðárʝiros]
manganèse (m)	**μαγγάνιο** (ουδ.)	[mangánio]

mercure (m)	**υδράργυρος** (αρ.)	[iðrárʝiros]
plomb (m)	**μόλυβδος** (αρ.)	[mólivðos]
minéral (m)	**ορυκτό** (ουδ.)	[oriktó]
cristal (m)	**κρύσταλλος** (αρ.)	[krístalʲos]
marbre (m)	**μάρμαρο** (ουδ.)	[mármaro]
uranium (m)	**ουράνιο** (ουδ.)	[uránio]

85. Le temps

temps (m)	**καιρός** (αρ.)	[kerós]
météo (f)	**πρόγνωση καιρού** (θηλ.)	[próɣnosi kerú]
température (f)	**θερμοκρασία** (θηλ.)	[θermokrasía]
thermomètre (m)	**θερμόμετρο** (ουδ.)	[θermómetro]
baromètre (m)	**βαρόμετρο** (ουδ.)	[varómetro]
humidité (f)	**υγρασία** (θηλ.)	[iɣrasía]
chaleur (f) (canicule)	**ζέστη** (θηλ.)	[zésti]
torride (adj)	**ζεστός, καυτός**	[zestós], [kaftós]
il fait très chaud	**κάνει ζέστη**	[káni zésti]
il fait chaud	**κάνει ζέστη**	[káni zésti]
chaud (modérément)	**ζεστός**	[zestós]
il fait froid	**κάνει κρύο**	[káni krío]
froid (adj)	**κρύος**	[kríos]
soleil (m)	**ήλιος** (αρ.)	[ílios]
briller (soleil)	**λάμπω**	[lʲámbo]
ensoleillé (jour ~)	**ηλιόλουστος**	[iliólʲustos]
se lever (vp)	**ανατέλλω**	[anatélʲo]
se coucher (vp)	**δύω**	[ðío]
nuage (m)	**σύννεφο** (ουδ.)	[sínefo]
nuageux (adj)	**συννεφιασμένος**	[sinefiazménos]
nuée (f)	**μαύρο σύννεφο** (ουδ.)	[mávro sínefo]
sombre (adj)	**συννεφιασμένος**	[sinefiazménos]
pluie (f)	**βροχή** (θηλ.)	[vroxí]
il pleut	**βρέχει**	[vréxi]
pluvieux (adj)	**βροχερός**	[vroxerós]
bruiner (v imp)	**ψιχαλίζει**	[psixalízi]
pluie (f) torrentielle	**δυνατή βροχή** (θηλ.)	[ðinatí vroxí]
averse (f)	**νεροποντή** (θηλ.)	[neropondí]
forte (la pluie ~)	**δυνατός**	[ðinatós]
flaque (f)	**λακκούβα** (θηλ.)	[lʲakúva]
se faire mouiller	**βρέχομαι**	[vréxome]
brouillard (m)	**ομίχλη** (θηλ.)	[omíxli]
brumeux (adj)	**ομιχλώδης**	[omixlʲóðis]

neige (f)	χιόνι (ουδ.)	[xóni]
il neige	χιονίζει	[xonízi]

86. Les intempéries. Les catastrophes naturelles

orage (m)	καταιγίδα (θηλ.)	[katejíða]
éclair (m)	αστραπή (θηλ.)	[astrapí]
éclater (foudre)	αστράπτω	[astrápto]

tonnerre (m)	βροντή (θηλ.)	[vrondí]
gronder (tonnerre)	βροντάω	[vrondáo]
le tonnerre gronde	βροντάει	[vrondái]

grêle (f)	χαλάζι (ουδ.)	[xalʲázi]
il grêle	ρίχνει χαλάζι	[ríxni xalʲázi]

inonder (vt)	πλημμυρίζω	[plimirízo]
inondation (f)	πλημμύρα (θηλ.)	[plimíra]

tremblement (m) de terre	σεισμός (αρ.)	[sizmós]
secousse (f)	δόνηση (θηλ.)	[ðónisi]
épicentre (m)	επίκεντρο (ουδ.)	[epíkendro]

éruption (f)	έκρηξη (θηλ.)	[ékriksi]
lave (f)	λάβα (θηλ.)	[lʲáva]

tourbillon (m)	ανεμοστρόβιλος (αρ.)	[anemostróvilʲos]
tornade (f)	σίφουνας (αρ.)	[sífunas]
typhon (m)	τυφώνας (αρ.)	[tifónas]

ouragan (m)	τυφώνας (αρ.)	[tifónas]
tempête (f)	καταιγίδα (θηλ.)	[katejíða]
tsunami (m)	τσουνάμι (ουδ.)	[tsunámi]

cyclone (m)	κυκλώνας (αρ.)	[kiklʲónas]
intempéries (f pl)	κακοκαιρία (θηλ.)	[kakokería]
incendie (m)	φωτιά, πυρκαγιά (θηλ.)	[fotiá], [pirkajá]
catastrophe (f)	καταστροφή (θηλ.)	[katastrofí]
météorite (m)	μετεωρίτης (αρ.)	[meteorítis]

avalanche (f)	χιονοστιβάδα (θηλ.)	[xonostiváða]
éboulement (m)	χιονοστιβάδα (θηλ.)	[xonostiváða]
blizzard (m)	χιονοθύελλα (θηλ.)	[xonoθíelʲa]
tempête (f) de neige	χιονοθύελλα (θηλ.)	[xonoθíelʲa]

LA FAUNE

T&P Books Publishing

87. Les mammifères. Les prédateurs

prédateur (m)	**θηρευτής** (ουδ.)	[θireftís]
tigre (m)	**τίγρη** (θηλ.), **τίγρης** (αρ.)	[tíɣri], [tíɣris]
lion (m)	**λιοντάρι** (ουδ.)	[liondári]
loup (m)	**λύκος** (αρ.)	[líkos]
renard (m)	**αλεπού** (θηλ.)	[alepú]
jaguar (m)	**ιαγουάρος** (αρ.)	[jaɣuáros]
léopard (m)	**λεοπάρδαλη** (θηλ.)	[leopárðali]
guépard (m)	**γατόπαρδος** (αρ.)	[ɣatóparðos]
panthère (f)	**πάνθηρας** (αρ.)	[pánθiras]
puma (m)	**πούμα** (ουδ.)	[púma]
léopard (m) de neiges	**λεοπάρδαλη** (θηλ.) **των χιόνων**	[leopárðali ton xiónon]
lynx (m)	**λύγκας** (αρ.)	[língas]
coyote (m)	**κογιότ** (ουδ.)	[kojiót]
chacal (m)	**τσακάλι** (ουδ.)	[tsakáli]
hyène (f)	**ύαινα** (θηλ.)	[íena]

88. Les animaux sauvages

animal (m)	**ζώο** (ουδ.)	[zóo]
bête (f)	**θηρίο** (ουδ.)	[θirío]
écureuil (m)	**σκίουρος** (αρ.)	[skíuros]
hérisson (m)	**σκαντζόχοιρος** (αρ.)	[skandzóxiros]
lièvre (m)	**λαγός** (αρ.)	[lʲaɣós]
lapin (m)	**κουνέλι** (ουδ.)	[kunéli]
blaireau (m)	**ασβός** (αρ.)	[azvós]
raton (m)	**ρακούν** (ουδ.)	[rakún]
hamster (m)	**χάμστερ** (ουδ.)	[xámster]
marmotte (f)	**μυωξός** (αρ.)	[mioksós]
taupe (f)	**τυφλοπόντικας** (αρ.)	[tiflʲopóndikas]
souris (f)	**ποντίκι** (ουδ.)	[pondíki]
rat (m)	**αρουραίος** (αρ.)	[aruréos]
chauve-souris (f)	**νυχτερίδα** (θηλ.)	[nixteríða]
hermine (f)	**ερμίνα** (θηλ.)	[ermína]
zibeline (f)	**σαμούρι** (ουδ.)	[samúri]

martre (f)	**κουνάβι** (ουδ.)	[kunávi]
belette (f)	**νυφίτσα** (θηλ.)	[nifítsa]
vison (m)	**βιζόν** (ουδ.)	[vizón]
castor (m)	**κάστορας** (αρ.)	[kástoras]
loutre (f)	**ενυδρίδα** (θηλ.)	[eniðríða]
cheval (m)	**άλογο** (ουδ.)	[álʲoɣo]
élan (m)	**άλκη** (θηλ.)	[álʲki]
cerf (m)	**ελάφι** (ουδ.)	[elʲáfi]
chameau (m)	**καμήλα** (θηλ.)	[kamílʲa]
bison (m)	**βίσονας** (αρ.)	[vísonas]
aurochs (m)	**βόνασος** (αρ.)	[vónasos]
buffle (m)	**βούβαλος** (αρ.)	[vúvalʲos]
zèbre (m)	**ζέβρα** (θηλ.)	[zévra]
antilope (f)	**αντιλόπη** (θηλ.)	[andilʲópi]
chevreuil (m)	**ζαρκάδι** (ουδ.)	[zarkáði]
biche (f)	**ντάμα ντάμα** (ουδ.)	[dáma dáma]
chamois (m)	**αγριόγιδο** (ουδ.)	[aɣrióɣiðo]
sanglier (m)	**αγριογούρουνο** (αρ.)	[aɣrioɣúruno]
baleine (f)	**φάλαινα** (θηλ.)	[fálena]
phoque (m)	**φώκια** (θηλ.)	[fókia]
morse (m)	**θαλάσσιος ίππος** (αρ.)	[θalʲásios ípos]
ours (m) de mer	**γουνοφόρα φώκια** (θηλ.)	[ɣunofóra fóka]
dauphin (m)	**δελφίνι** (ουδ.)	[ðelʲfíni]
ours (m)	**αρκούδα** (θηλ.)	[arkúða]
ours (m) blanc	**πολική αρκούδα** (θηλ.)	[polikí arkúða]
panda (m)	**πάντα** (ουδ.)	[pánda]
singe (m)	**μαϊμού** (θηλ.)	[majmú]
chimpanzé (m)	**χιμπαντζής** (ουδ.)	[xibadzís]
orang-outang (m)	**ουραγκοτάγκος** (αρ.)	[urangotángos]
gorille (m)	**γορίλας** (αρ.)	[ɣorílʲas]
macaque (m)	**μακάκας** (αρ.)	[makákas]
gibbon (m)	**γίββωνας** (αρ.)	[ʝívonas]
éléphant (m)	**ελέφαντας** (αρ.)	[eléfandas]
rhinocéros (m)	**ρινόκερος** (αρ.)	[rinókeros]
girafe (f)	**καμηλοπάρδαλη** (θηλ.)	[kamilʲopárðali]
hippopotame (m)	**ιπποπόταμος** (αρ.)	[ipopótamos]
kangourou (m)	**καγκουρό** (ουδ.)	[kanguró]
koala (m)	**κοάλα** (ουδ.)	[koálʲa]
mangouste (f)	**μαγκούστα** (θηλ.)	[mangústa]
chinchilla (m)	**τσιντσιλά** (ουδ.)	[tsintsilʲá]
mouffette (f)	**μεφίτιδα** (θηλ.)	[mefítiða]
porc-épic (m)	**ακανθόχοιρος** (αρ.)	[akanθóxiros]

89. Les animaux domestiques

chat (m) (femelle)	**γάτα** (θηλ.)	[ɣáta]
chat (m) (mâle)	**γάτος** (αρ.)	[ɣátos]
chien (m)	**σκύλος** (αρ.)	[skílʲos]
cheval (m)	**άλογο** (ουδ.)	[álʲoɣo]
étalon (m)	**επιβήτορας** (αρ.)	[epivítoras]
jument (f)	**φοράδα** (θηλ.)	[foráða]
vache (f)	**αγελάδα** (θηλ.)	[ajelʲáða]
taureau (m)	**ταύρος** (αρ.)	[távros]
bœuf (m)	**βόδι** (ουδ.)	[vóði]
brebis (f)	**πρόβατο** (ουδ.)	[próvato]
mouton (m)	**κριάρι** (ουδ.)	[kriári]
chèvre (f)	**κατσίκα, γίδα** (θηλ.)	[katsíka], [jíða]
bouc (m)	**τράγος** (αρ.)	[tráɣos]
âne (m)	**γάιδαρος** (αρ.)	[ɣáiðaros]
mulet (m)	**μουλάρι** (ουδ.)	[mulʲári]
cochon (m)	**γουρούνι** (ουδ.)	[ɣurúni]
pourceau (m)	**γουρουνάκι** (ουδ.)	[ɣurunáki]
lapin (m)	**κουνέλι** (ουδ.)	[kunéli]
poule (f)	**κότα** (θηλ.)	[kóta]
coq (m)	**πετεινός, κόκορας** (αρ.)	[petinós], [kókoras]
canard (m)	**πάπια** (θηλ.)	[pápia]
canard (m) mâle	**αρσενική πάπια** (θηλ.)	[arsenikí pápia]
oie (f)	**χήνα** (θηλ.)	[xína]
dindon (m)	**γάλος** (αρ.)	[ɣálʲos]
dinde (f)	**γαλοπούλα** (θηλ.)	[ɣalʲopúlʲa]
animaux (m pl) domestiques	**κατοικίδια** (ουδ.πλ.)	[katikíðia]
apprivoisé (adj)	**κατοικίδιος**	[katikíðios]
apprivoiser (vt)	**δαμάζω**	[ðamázo]
élever (vt)	**εκτρέφω**	[ektréfo]
ferme (f)	**αγρόκτημα** (ουδ.)	[aɣróktima]
volaille (f)	**πουλερικό** (ουδ.)	[pulerikó]
bétail (m)	**βοοειδή** (ουδ.πλ.)	[vooiðí]
troupeau (m)	**κοπάδι** (ουδ.)	[kopáði]
écurie (f)	**στάβλος** (αρ.)	[stávlʲos]
porcherie (f)	**χοιροστάσιο** (ουδ.)	[xirostásio]
vacherie (f)	**βουστάσιο** (ουδ.)	[vustásio]
cabane (f) à lapins	**κλουβί κουνελιού** (ουδ.)	[klʲuví kuneliú]
poulailler (m)	**κοτέτσι** (ουδ.)	[kotétsi]

90. Les oiseaux

oiseau (m)	**πουλί** (ουδ.)	[pulí]
pigeon (m)	**περιστέρι** (ουδ.)	[peristéri]
moineau (m)	**σπουργίτι** (ουδ.)	[spurʝíti]
mésange (f)	**καλόγερος** (αρ.)	[kalʲóʝeros]
pie (f)	**καρακάξα** (θηλ.)	[karakáksa]
corbeau (m)	**κόρακας** (αρ.)	[kórakas]
corneille (f)	**κουρούνα** (θηλ.)	[kurúna]
choucas (m)	**κάργα** (θηλ.)	[károa]
freux (m)	**χαβαρόνι** (ουδ.)	[xavaróni]
canard (m)	**πάπια** (θηλ.)	[pápia]
oie (f)	**χήνα** (θηλ.)	[xína]
faisan (m)	**φασιανός** (αρ.)	[fasianós]
aigle (m)	**αετός** (αρ.)	[aetós]
épervier (m)	**γεράκι** (ουδ.)	[ʝeráki]
faucon (m)	**γεράκι** (ουδ.)	[ʝeráki]
vautour (m)	**γύπας** (αρ.)	[ʝípas]
condor (m)	**κόνδορας** (αρ.)	[kónðoras]
cygne (m)	**κύκνος** (αρ.)	[kíknos]
grue (f)	**γερανός** (αρ.)	[ʝeranós]
cigogne (f)	**πελαργός** (αρ.)	[pelʲaroós]
perroquet (m)	**παπαγάλος** (αρ.)	[papaoálʲos]
colibri (m)	**κολιμπρί** (ουδ.)	[kolibrí]
paon (m)	**παγόνι** (ουδ.)	[paoóni]
autruche (f)	**στρουθοκάμηλος** (αρ.)	[struθokámilʲos]
héron (m)	**τσικνιάς** (αρ.)	[tsikniás]
flamant (m)	**φλαμίγκο** (ουδ.)	[flʲamíngo]
pélican (m)	**πελεκάνος** (αρ.)	[pelekános]
rossignol (m)	**αηδόνι** (ουδ.)	[aiðóni]
hirondelle (f)	**χελιδόνι** (ουδ.)	[xeliðóni]
merle (m)	**τσίχλα** (θηλ.)	[tsíxlʲa]
grive (f)	**κελαηδότσιχλα** (θηλ.)	[kelaiðótsixlʲa]
merle (m) noir	**κοτσύφι** (ουδ.)	[kotsífi]
martinet (m)	**σταχτάρα** (θηλ.)	[staxtára]
alouette (f) des champs	**κορυδαλλός** (αρ.)	[koriðalʲós]
caille (f)	**ορτύκι** (ουδ.)	[ortíki]
pivert (m)	**δρυοκολάπτης** (αρ.)	[ðriokolʲáptis]
coucou (m)	**κούκος** (αρ.)	[kúkos]
chouette (f)	**κουκουβάγια** (θηλ.)	[kukuváʝa]
hibou (m)	**μπούφος** (αρ.)	[búfos]

tétras (m)	**αγριόκουρκος** (αρ.)	[aɣriókurkos]
tétras-lyre (m)	**λυροπετεινός** (αρ.)	[liropetinós]
perdrix (f)	**πέρδικα** (θηλ.)	[pérðika]
étourneau (m)	**ψαρόνι** (ουδ.)	[psaróni]
canari (m)	**καναρίνι** (ουδ.)	[kanaríni]
gélinotte (f) des bois	**αγριόκοτα** (θηλ.)	[aɣriókota]
pinson (m)	**σπίνος** (αρ.)	[spínos]
bouvreuil (m)	**πύρρουλα** (αρ.)	[pírulʲa]
mouette (f)	**γλάρος** (αρ.)	[ɣlʲáros]
albatros (m)	**άλμπατρος** (ουδ.)	[álʲbatros]
pingouin (m)	**πιγκουίνος** (αρ.)	[pinguínos]

91. Les poissons. Les animaux marins

brème (f)	**αβραμίδα** (θηλ.)	[avramíða]
carpe (f)	**κυπρίνος** (αρ.)	[kiprínos]
perche (f)	**πέρκα** (θηλ.)	[pérka]
silure (m)	**γουλιανός** (αρ.)	[ɣulianós]
brochet (m)	**λούτσος** (αρ.)	[lʲútsos]
saumon (m)	**σολομός** (αρ.)	[solʲomós]
esturgeon (m)	**οξύρυγχος** (αρ.)	[oksírinxos]
hareng (m)	**ρέγγα** (θηλ.)	[rénga]
saumon (m) atlantique	**σολομός του Ατλαντικού** (αρ.)	[solʲomós tu atlʲandikú]
maquereau (m)	**σκουμπρί** (ουδ.)	[skumbrí]
flet (m)	**πλατύψαρο** (ουδ.)	[plʲatípsaro]
sandre (f)	**ποταμολάβρακο** (ουδ.)	[potamolʲávrako]
morue (f)	**μπακαλιάρος** (αρ.)	[bakaliáros]
thon (m)	**τόνος** (αρ.)	[tónos]
truite (f)	**πέστροφα** (θηλ.)	[péstrofa]
anguille (f)	**χέλι** (ουδ.)	[xéli]
torpille (f)	**μουδιάστρα** (θηλ.)	[muðiástra]
murène (f)	**σμέρνα** (θηλ.)	[zmérna]
piranha (m)	**πιράνχας** (ουδ.)	[piránxas]
requin (m)	**καρχαρίας** (αρ.)	[karxarías]
dauphin (m)	**δελφίνι** (ουδ.)	[ðelʲfíni]
baleine (f)	**φάλαινα** (θηλ.)	[fálena]
crabe (m)	**καβούρι** (ουδ.)	[kavúri]
méduse (f)	**μέδουσα** (θηλ.)	[méðusa]
pieuvre (f), poulpe (m)	**χταπόδι** (ουδ.)	[xtapóði]
étoile (f) de mer	**αστερίας** (αρ.)	[asterías]
oursin (m)	**αχινός** (αρ.)	[axinós]

hippocampe (m)	**ιππόκαμπος** (αρ.)	[ipókambos]
huître (f)	**στρείδι** (ουδ.)	[stríði]
crevette (f)	**γαρίδα** (θηλ.)	[ɣaríða]
homard (m)	**αστακός** (αρ.)	[astakós]
langoustine (f)	**ακανθωτός αστακός** (αρ.)	[akanθotós astakós]

92. Les amphibiens. Les reptiles

serpent (m)	**φίδι** (ουδ.)	[fíði]
venimeux (adj)	**δηλητηριώδης**	[ðilitirióðis]
vipère (f)	**οχιά** (θηλ.)	[oxiá]
cobra (m)	**κόμπρα** (θηλ.)	[kóbra]
python (m)	**πύθωνας** (αρ.)	[píθonas]
boa (m)	**βόας** (αρ.)	[vóas]
couleuvre (f)	**νερόφιδο** (ουδ.)	[nerófiðo]
serpent (m) à sonnettes	**κροταλίας** (αρ.)	[krotalías]
anaconda (m)	**ανακόντα** (θηλ.)	[anakónda]
lézard (m)	**σαύρα** (θηλ.)	[sávra]
iguane (m)	**ιγκουάνα** (θηλ.)	[iguána]
varan (m)	**βαράνος** (αρ.)	[varános]
salamandre (f)	**σαλαμάντρα** (θηλ.)	[salʲamándra]
caméléon (m)	**χαμαιλέοντας** (αρ.)	[xameléondas]
scorpion (m)	**σκορπιός** (αρ.)	[skorpiós]
tortue (f)	**χελώνα** (θηλ.)	[xelʲóna]
grenouille (f)	**βάτραχος** (αρ.)	[vátraxos]
crapaud (m)	**φρύνος** (αρ.)	[frínos]
crocodile (m)	**κροκόδειλος** (αρ.)	[krokóðilʲos]

93. Les insectes

insecte (m)	**έντομο** (ουδ.)	[éndomo]
papillon (m)	**πεταλούδα** (θηλ.)	[petalʲúða]
fourmi (f)	**μυρμήγκι** (ουδ.)	[mirmíngi]
mouche (f)	**μύγα** (θηλ.)	[míɣa]
moustique (m)	**κουνούπι** (ουδ.)	[kunúpi]
scarabée (m)	**σκαθάρι** (ουδ.)	[skaθári]
guêpe (f)	**σφήκα** (θηλ.)	[sfíka]
abeille (f)	**μέλισσα** (θηλ.)	[mélisa]
bourdon (m)	**βομβίνος** (αρ.)	[vomvínos]
œstre (m)	**οίστρος** (αρ.)	[ístros]
araignée (f)	**αράχνη** (θηλ.)	[aráxni]
toile (f) d'araignée	**ιστός αράχνης** (αρ.)	[istós aráxnis]

libellule (f)	**λιβελούλα** (θηλ.)	[livelʲúlʲa]
sauterelle (f)	**ακρίδα** (θηλ.)	[akríða]
papillon (m)	**νυχτοπεταλούδα** (θηλ.)	[nixtopetalʲúða]
cafard (m)	**κατσαρίδα** (θηλ.)	[katsaríða]
tique (f)	**ακάρι** (ουδ.)	[akári]
puce (f)	**ψύλλος** (αρ.)	[psílʲos]
moucheron (m)	**μυγάκι** (ουδ.)	[miɣáki]
criquet (m)	**ακρίδα** (θηλ.)	[akríða]
escargot (m)	**σαλιγκάρι** (ουδ.)	[salingári]
grillon (m)	**γρύλος** (αρ.)	[ɣrílʲos]
luciole (f)	**πυγολαμπίδα** (θηλ.)	[piɣolʲambíða]
coccinelle (f)	**πασχαλίτσα** (θηλ.)	[pasxalítsa]
hanneton (m)	**μηλολόνθη** (θηλ.)	[milʲolʲónθi]
sangsue (f)	**βδέλλα** (θηλ.)	[vðélʲa]
chenille (f)	**κάμπια** (θηλ.)	[kámbia]
ver (m)	**σκουλήκι** (ουδ.)	[skulíki]
larve (f)	**σκώληκας** (αρ.)	[skólikas]

T&P BOOKS

LA FLORE

T&P Books Publishing

94. Les arbres

arbre (m)	**δέντρο** (ουδ.)	[ðéndro]
à feuilles caduques	**φυλλοβόλος**	[filʲovólʲos]
conifère (adj)	**κωνοφόρος**	[konofóros]
à feuilles persistantes	**αειθαλής**	[aiθalís]
pommier (m)	**μηλιά** (θηλ.)	[miliá]
poirier (m)	**αχλαδιά** (θηλ.)	[axlʲaðiá]
merisier (m)	**κερασιά** (θηλ.)	[kerasiá]
cerisier (m)	**βυσσινιά** (θηλ.)	[visiniá]
prunier (m)	**δαμασκηνιά** (θηλ.)	[ðamaskiniá]
bouleau (m)	**σημύδα** (θηλ.)	[simíða]
chêne (m)	**βελανιδιά** (θηλ.)	[velʲaniðiá]
tilleul (m)	**φλαμουριά** (θηλ.)	[flʲamuriá]
tremble (m)	**λεύκα** (θηλ.)	[léfka]
érable (m)	**σφεντάμι** (ουδ.)	[sfendámi]
épicéa (m)	**έλατο** (ουδ.)	[élʲato]
pin (m)	**πεύκο** (ουδ.)	[péfko]
mélèze (m)	**λάριξ** (θηλ.)	[lʲáriks]
sapin (m)	**ελάτη** (θηλ.)	[elʲáti]
cèdre (m)	**κέδρος** (αρ.)	[kéðros]
peuplier (m)	**λεύκα** (θηλ.)	[léfka]
sorbier (m)	**σουρβιά** (θηλ.)	[surviá]
saule (m)	**ιτιά** (θηλ.)	[itiá]
aune (m)	**σκλήθρα** (θηλ.)	[sklíθra]
hêtre (m)	**οξιά** (θηλ.)	[oksiá]
orme (m)	**φτελιά** (θηλ.)	[fteliá]
frêne (m)	**μέλεγος** (αρ.)	[méleɣos]
marronnier (m)	**καστανιά** (θηλ.)	[kastaniá]
magnolia (m)	**μανόλια** (θηλ.)	[manólia]
palmier (m)	**φοίνικας** (αρ.)	[fínikas]
cyprès (m)	**κυπαρίσσι** (ουδ.)	[kiparísi]
palétuvier (m)	**μανγκρόβιο** (ουδ.)	[mangróvio]
baobab (m)	**μπάομπαμπ** (ουδ.)	[báobab]
eucalyptus (m)	**ευκάλυπτος** (αρ.)	[efkáliptos]
séquoia (m)	**σεκόγια** (θηλ.)	[sekója]

95. Les arbustes

buisson (m)	**θάμνος** (αρ.)	[θámnos]
arbrisseau (m)	**θάμνος** (αρ.)	[θámnos]
vigne (f)	**αμπέλι** (ουδ.)	[ambéli]
vigne (f) (vignoble)	**αμπέλι** (ουδ.)	[ambéli]
framboise (f)	**σμεουριά** (θηλ.)	[zmeuriá]
groseille (f) rouge	**κόκκινο φραγκοστάφυλο** (ουδ.)	[kókino frangostáfilʲo]
groseille (f) verte	**λαγοκέρασο** (ουδ.)	[lʲaɣokéraso]
acacia (m)	**ακακία** (θηλ.)	[akakía]
berbéris (m)	**βερβερίδα** (θηλ.)	[ververíða]
jasmin (m)	**γιασεμί** (ουδ.)	[ʝasemí]
genévrier (m)	**άρκευθος** (θηλ.)	[árkefθos]
rosier (m)	**τριανταφυλλιά** (θηλ.)	[triandafiliá]
églantier (m)	**αγριοτριανταφυλλιά** (θηλ.)	[aɣriotriandafiliá]

96. Les fruits. Les baies

pomme (f)	**μήλο** (ουδ.)	[mílʲo]
poire (f)	**αχλάδι** (ουδ.)	[axlʲáði]
prune (f)	**δαμάσκηνο** (ουδ.)	[ðamáskino]
fraise (f)	**φράουλα** (θηλ.)	[fráulʲa]
cerise (f)	**βύσσινο** (ουδ.)	[vísino]
merise (f)	**κεράσι** (ουδ.)	[kerási]
raisin (m)	**σταφύλι** (ουδ.)	[stafíli]
framboise (f)	**σμέουρο** (ουδ.)	[zméuro]
cassis (m)	**μαύρο φραγκοστάφυλο** (ουδ.)	[mávro frangostáfilʲo]
groseille (f) rouge	**κόκκινο φραγκοστάφυλο** (ουδ.)	[kókino frangostáfilʲo]
groseille (f) verte	**λαγοκέρασο** (ουδ.)	[lʲaɣokéraso]
canneberge (f)	**κράνμπερι** (ουδ.)	[kránberi]
orange (f)	**πορτοκάλι** (ουδ.)	[portokáli]
mandarine (f)	**μανταρίνι** (ουδ.)	[mandaríni]
ananas (m)	**ανανάς** (αρ.)	[ananás]
banane (f)	**μπανάνα** (θηλ.)	[banána]
datte (f)	**χουρμάς** (αρ.)	[xurmás]
citron (m)	**λεμόνι** (ουδ.)	[lemóni]
abricot (m)	**βερίκοκο** (ουδ.)	[veríkoko]
pêche (f)	**ροδάκινο** (ουδ.)	[roðákino]

kiwi (m)	**ακτινίδιο** (ουδ.)	[aktiníðio]
pamplemousse (m)	**γκρέιπφρουτ** (ουδ.)	[gréjpfrut]
baie (f)	**μούρο** (ουδ.)	[múro]
baies (f pl)	**μούρα** (ουδ.πλ.)	[múra]
fraise (f) des bois	**χαμοκέρασο** (ουδ.)	[kxamokéraso]
myrtille (f)	**μύρτιλλο** (ουδ.)	[mírtilʲo]

97. Les fleurs. Les plantes

fleur (f)	**λουλούδι** (ουδ.)	[lʲulʲúði]
bouquet (m)	**ανθοδέσμη** (θηλ.)	[anθoðézmi]
rose (f)	**τριαντάφυλλο** (ουδ.)	[triandáfilʲo]
tulipe (f)	**τουλίπα** (θηλ.)	[tulípa]
oeillet (m)	**γαρίφαλο** (ουδ.)	[ɣarífalʲo]
glaïeul (m)	**γλαδιόλα** (θηλ.)	[ɣlʲaðiólʲa]
bleuet (m)	**κενταύρια** (θηλ.)	[kentávria]
campanule (f)	**καμπανούλα** (θηλ.)	[kampanúlʲa]
dent-de-lion (f)	**ταραξάκο** (ουδ.)	[taraksáko]
marguerite (f)	**χαμομήλι** (ουδ.)	[xamomíli]
aloès (m)	**αλόη** (θηλ.)	[alʲói]
cactus (m)	**κάκτος** (αρ.)	[káktos]
ficus (m)	**φίκος** (αρ.)	[fíkos]
lis (m)	**κρίνος** (αρ.)	[krínos]
géranium (m)	**γεράνι** (ουδ.)	[ȷeráni]
jacinthe (f)	**υάκινθος** (αρ.)	[iákinθos]
mimosa (m)	**μιμόζα** (θηλ.)	[mimóza]
jonquille (f)	**νάρκισσος** (αρ.)	[nárkisos]
capucine (f)	**καπουτσίνος** (αρ.)	[kaputsínos]
orchidée (f)	**ορχιδέα** (θηλ.)	[orxiðéa]
pivoine (f)	**παιώνια** (θηλ.)	[peónia]
violette (f)	**μενεξές** (αρ.), **βιολέτα** (θηλ.)	[meneksés], [violéta]
pensée (f)	**βιόλα η τρίχρωμη** (θηλ.)	[viólʲa i tríxromi]
myosotis (m)	**μη-με-λησμόνει** (ουδ.)	[mi-me-lizmóni]
pâquerette (f)	**μαργαρίτα** (θηλ.)	[marɣaríta]
coquelicot (m)	**παπαρούνα** (θηλ.)	[paparúna]
chanvre (m)	**κάνναβη** (θηλ.)	[kánavi]
menthe (f)	**μέντα** (θηλ.)	[ménda]
muguet (m)	**μιγκέ** (ουδ.)	[mingé]
perce-neige (f)	**γάλανθος ο χιονώδης** (αρ.)	[ɣálʲanθos oxonóðis]

ortie (f)	τσουκνίδα (θηλ.)	[tsukníða]
oseille (f)	λάπαθο (ουδ.)	[lʲápaθo]
nénuphar (m)	νούφαρο (ουδ.)	[núfaro]
fougère (f)	φτέρη (θηλ.)	[ftéri]
lichen (m)	λειχήνα (θηλ.)	[lixína]
serre (f) tropicale	θερμοκήπιο (ουδ.)	[θermokípio]
gazon (m)	γκαζόν (ουδ.)	[gazón]
parterre (m) de fleurs	παρτέρι (ουδ.)	[partéri]
plante (f)	φυτό (ουδ.)	[fitó]
herbe (f)	χορτάρι (ουδ.)	[xortári]
brin (m) d'herbe	χορταράκι (ουδ.)	[xortaráki]
feuille (f)	φύλλο (ουδ.)	[fílʲo]
pétale (m)	πέταλο (ουδ.)	[pétalʲo]
tige (f)	βλαστός (αρ.)	[vlʲastós]
tubercule (m)	βολβός (αρ.)	[volʲvós]
pousse (f)	βλαστάρι (ουδ.)	[vlʲastári]
épine (f)	αγκάθι (ουδ.)	[angáθi]
fleurir (vi)	ανθίζω	[anθízo]
se faner (vp)	ξεραίνομαι	[kserénome]
odeur (f)	μυρωδιά (θηλ.)	[miroðiá]
couper (vt)	κόβω	[kóvo]
cueillir (fleurs)	μαζεύω	[mazévo]

98. Les céréales

grains (m pl)	σιτηρά (ουδ.πλ.)	[sitirá]
céréales (f pl) (plantes)	δημητριακών (ουδ.πλ.)	[ðimitriakón]
épi (m)	στάχυ (ουδ.)	[stáxi]
blé (m)	σιτάρι (ουδ.)	[sitári]
seigle (m)	σίκαλη (θηλ.)	[síkali]
avoine (f)	βρώμη (θηλ.)	[vrómi]
millet (m)	κεχρί (ουδ.)	[kexrí]
orge (f)	κριθάρι (ουδ.)	[kriθári]
maïs (m)	καλαμπόκι (ουδ.)	[kalʲambóki]
riz (m)	ρύζι (ουδ.)	[rízi]
sarrasin (m)	μαυροσίταρο (ουδ.)	[mavrosítaro]
pois (m)	αρακάς (αρ.), μπιζελιά (θηλ.)	[arakás], [bizeliá]
haricot (m)	κόκκινο φασόλι (ουδ.)	[kókino fasóli]
soja (m)	σόγια (θηλ.)	[sója]
lentille (f)	φακή (θηλ.)	[fakí]
fèves (f pl)	κουκί (ουδ.)	[kukí]

LES PAYS DU MONDE

T&P Books Publishing

99. Les pays du monde. Partie 1

Afghanistan (m)	**Αφγανιστάν** (ουδ.)	[afɣanistán]
Albanie (f)	**Αλβανία** (θηλ.)	[alʲvanía]
Allemagne (f)	**Γερμανία** (θηλ.)	[ʝermanía]
Angleterre (f)	**Αγγλία** (θηλ.)	[anglía]
Arabie (f) Saoudite	**Σαουδική Αραβία** (θηλ.)	[sauðikí aravia]
Argentine (f)	**Αργεντινή** (θηλ.)	[arʝendiní]
Arménie (f)	**Αρμενία** (θηλ.)	[armenía]
Australie (f)	**Αυστραλία** (θηλ.)	[afstralía]
Autriche (f)	**Αυστρία** (θηλ.)	[afstría]
Azerbaïdjan (m)	**Αζερμπαϊτζάν** (ουδ.)	[azerbajdzán]
Bahamas (f pl)	**Μπαχάμες** (θηλ.πλ.)	[baxámes]
Bangladesh (m)	**Μπαγκλαντές** (ουδ.)	[banglʲadés]
Belgique (f)	**Βέλγιο** (ουδ.)	[vélʲʝo]
Biélorussie (f)	**Λευκορωσία** (θηλ.)	[lefkorosía]
Bolivie (f)	**Βολιβία** (θηλ.)	[volivía]
Bosnie (f)	**Βοσνία-Ερζεγοβίνη** (θηλ.)	[voznía erzeɣovini]
Brésil (m)	**Βραζιλία** (θηλ.)	[vrazilía]
Bulgarie (f)	**Βουλγαρία** (θηλ.)	[vulʲɣaría]
Cambodge (m)	**Καμπότζη** (θηλ.)	[kabódzi]
Canada (m)	**Καναδάς** (αρ.)	[kanaðás]
Chili (m)	**Χιλή** (θηλ.)	[xilí]
Chine (f)	**Κίνα** (θηλ.)	[kína]
Chypre (m)	**Κύπρος** (θηλ.)	[kípros]
Colombie (f)	**Κολομβία** (θηλ.)	[kolʲomvía]
Corée (f) du Nord	**Βόρεια Κορέα** (θηλ.)	[vória koréa]
Corée (f) du Sud	**Νότια Κορέα** (θηλ.)	[nótia koréa]
Croatie (f)	**Κροατία** (θηλ.)	[kroatía]
Cuba (f)	**Κούβα** (θηλ.)	[kúva]
Danemark (m)	**Δανία** (θηλ.)	[ðanía]
Écosse (f)	**Σκοτία** (θηλ.)	[skotía]
Égypte (f)	**Αίγυπτος** (θηλ.)	[éʝiptos]
Équateur (m)	**Εκουαδόρ** (ουδ.)	[ekuaðór]
Espagne (f)	**Ισπανία** (θηλ.)	[ispanía]
Estonie (f)	**Εσθονία** (θηλ.)	[esθonía]
Les États Unis	**Ηνωμένες Πολιτείες Αμερικής** (θηλ.πλ.)	[inoménes polities amerikís]
Fédération (f) des Émirats Arabes Unis	**Ηνωμένα Αραβικά Εμιράτα** (θηλ.πλ.)	[inoména araviká emiráta]
Finlande (f)	**Φινλανδία** (θηλ.)	[finlʲanðía]
France (f)	**Γαλλία** (θηλ.)	[ɣalía]
Géorgie (f)	**Γεωργία** (θηλ.)	[ʝeorʝía]

Ghana (m)	**Γκάνα** (θηλ.)	[gána]
Grande-Bretagne (f)	**Μεγάλη Βρετανία** (θηλ.)	[meɣáli vretanía]
Grèce (f)	**Ελλάδα** (θηλ.)	[elʲáða]

100. Les pays du monde. Partie 2

Haïti (m)	**Αϊτή** (θηλ.)	[aití]
Hongrie (f)	**Ουγγαρία** (θηλ.)	[ungaría]
Inde (f)	**Ινδία** (θηλ.)	[inðía]
Indonésie (f)	**Ινδονησία** (θηλ.)	[inðonisía]
Iran (m)	**Ιράν** (ουδ.)	[irán]
Iraq (m)	**Ιράκ** (ουδ.)	[irák]
Irlande (f)	**Ιρλανδία** (θηλ.)	[irlʲanðía]
Islande (f)	**Ισλανδία** (θηλ.)	[islʲanðía]
Israël (m)	**Ισραήλ** (ουδ.)	[izraílʲ]
Italie (f)	**Ιταλία** (θηλ.)	[italía]
Jamaïque (f)	**Τζαμάικα** (θηλ.)	[dzamájka]
Japon (m)	**Ιαπωνία** (θηλ.)	[japonía]
Jordanie (f)	**Ιορδανία** (θηλ.)	[iorðanía]
Kazakhstan (m)	**Καζακστάν** (ουδ.)	[kazakstán]
Kenya (m)	**Κένυα** (θηλ.)	[kénia]
Kirghizistan (m)	**Κιργιζία** (ουδ.)	[kirʝizía]
Koweït (m)	**Κουβέιτ** (ουδ.)	[kuvéjt]
Laos (m)	**Λάος** (ουδ.)	[lʲáos]
Lettonie (f)	**Λετονία** (θηλ.)	[letonía]
Liban (m)	**Λίβανος** (αρ.)	[lívanos]
Libye (f)	**Λιβύη** (θηλ.)	[livíi]
Liechtenstein (m)	**Λίχτενσταϊν** (ουδ.)	[líxtenstajn]
Lituanie (f)	**Λιθουανία** (θηλ.)	[liθuanía]
Luxembourg (m)	**Λουξεμβούργο** (ουδ.)	[lʲuksemvúrɣo]
Macédoine (f)	**Μακεδονία** (θηλ.)	[makeðonía]
Madagascar (f)	**Μαδαγασκάρη** (θηλ.)	[maðaɣaskári]
Malaisie (f)	**Μαλαισία** (θηλ.)	[malesía]
Malte (f)	**Μάλτα** (θηλ.)	[málʲta]
Maroc (m)	**Μαρόκο** (ουδ.)	[maróko]
Mexique (m)	**Μεξικό** (ουδ.)	[meksikó]
Moldavie (f)	**Μολδαβία** (θηλ.)	[molʲðavía]
Monaco (m)	**Μονακό** (ουδ.)	[monakó]
Mongolie (f)	**Μογγολία** (θηλ.)	[mongolía]
Monténégro (m)	**Μαυροβούνιο** (ουδ.)	[mavrovúnio]
Myanmar (m)	**Μιανμάρ** (ουδ.)	[mianmár]
Namibie (f)	**Ναμίμπια** (θηλ.)	[namíbia]
Népal (m)	**Νεπάλ** (ουδ.)	[nepálʲ]
Norvège (f)	**Νορβηγία** (θηλ.)	[norviʝía]
Nouvelle Zélande (f)	**Νέα Ζηλανδία** (θηλ.)	[néa zilʲanðía]
Ouzbékistan (m)	**Ουζμπεκιστάν** (ουδ.)	[uzbekistán]

101. Les pays du monde. Partie 3

Pakistan (m)	**Πακιστάν** (ουδ.)	[pakistán]
Palestine (f)	**Παλαιστίνη** (θηλ.)	[palestíni]
Panamá (m)	**Παναμάς** (αρ.)	[panamás]
Paraguay (m)	**Παραγουάη** (θηλ.)	[paraɣuái]
Pays-Bas (m)	**Κάτω Χώρες** (θηλ.πλ.)	[káto xóres]
Pérou (m)	**Περού** (ουδ.)	[perú]
Pologne (f)	**Πολωνία** (θηλ.)	[polʲonía]
Polynésie (f) Française	**Γαλλική Πολυνησία** (θηλ.)	[ɣalikí polinisía]
Portugal (m)	**Πορτογαλία** (θηλ.)	[portoɣalía]
République (f) Dominicaine	**Δομινικανή Δημοκρατία** (θηλ.)	[ðominikaní ðimokratía]
République (f) Sud-africaine	**Δημοκρατία της Νότιας Αφρικής** (θηλ.)	[ðimokratía tis nótias afrikís]
République (f) Tchèque	**Τσεχία** (θηλ.)	[tsexía]
Roumanie (f)	**Ρουμανία** (θηλ.)	[rumanía]
Russie (f)	**Ρωσία** (θηλ.)	[rosía]
Sénégal (m)	**Σενεγάλη** (θηλ.)	[seneɣáli]
Serbie (f)	**Σερβία** (θηλ.)	[servía]
Slovaquie (f)	**Σλοβακία** (θηλ.)	[slʲovakía]
Slovénie (f)	**Σλοβενία** (θηλ.)	[slʲovenía]
Suède (f)	**Σουηδία** (θηλ.)	[suiðía]
Suisse (f)	**Ελβετία** (θηλ.)	[elʲvetía]
Surinam (m)	**Σούριναμ** (ουδ.)	[súrinam]
Syrie (f)	**Συρία** (θηλ.)	[siría]
Tadjikistan (m)	**Τατζικιστάν** (ουδ.)	[tadzikistán]
Taïwan (m)	**Ταϊβάν** (θηλ.)	[tajván]
Tanzanie (f)	**Τανζανία** (θηλ.)	[tanzanía]
Tasmanie (f)	**Τασμανία** (θηλ.)	[tazmanía]
Thaïlande (f)	**Ταϊλάνδη** (θηλ.)	[tajlʲánði]
Tunisie (f)	**Τυνησία** (θηλ.)	[tinisía]
Turkménistan (m)	**Τουρκμενιστάν** (ουδ.)	[turkmenistán]
Turquie (f)	**Τουρκία** (θηλ.)	[turkía]
Ukraine (f)	**Ουκρανία** (θηλ.)	[ukranía]
Uruguay (m)	**Ουρουγουάη** (θηλ.)	[uruɣuái]
Vatican (m)	**Βατικανό** (ουδ.)	[vatikanó]
Venezuela (f)	**Βενεζουέλα** (θηλ.)	[venezuélʲa]
Vietnam (m)	**Βιετνάμ** (ουδ.)	[vietnám]
Zanzibar (m)	**Ζανζιβάρη** (θηλ.)	[zanzivári]

GLOSSAIRE
GASTRONOMIQUE

Cette section contient
beaucoup de mots associés
à la nourriture. Ce dictionnaire
vous facilitera la tâche
de comprendre le menu
et de commander le bon plat
au restaurant

T&P Books Publishing

Français-Grec glossaire gastronomique

épi (m)	**στάχυ** (ουδ.)	[stáxi]
épice (f)	**καρύκευμα** (ουδ.)	[karíkevma]
épinard (m)	**σπανάκι** (ουδ.)	[spanáki]
œuf (m)	**αυγό** (ουδ.)	[avɣó]
abricot (m)	**βερίκοκο** (ουδ.)	[veríkoko]
addition (f)	**λογαριασμός** (αρ.)	[lʲoɣariazmós]
ail (m)	**σκόρδο** (ουδ.)	[skórðo]
amande (f)	**αμύγδαλο** (ουδ.)	[amíɣðalʲo]
amanite (f) tue-mouches	**ζουρλομανίταρο** (ουδ.)	[zurlʲomanítaro]
amer (adj)	**πικρός**	[pikrós]
ananas (m)	**ανανάς** (αρ.)	[ananás]
anguille (f)	**χέλι** (ουδ.)	[xéli]
anis (m)	**γλυκάνισος** (αρ.)	[ɣlikánisos]
apéritif (m)	**απεριτίφ** (ουδ.)	[aperitíf]
appétit (m)	**όρεξη** (θηλ.)	[óreksi]
arrière-goût (m)	**επίγευση** (θηλ.)	[epíʝefsi]
artichaut (m)	**αγκινάρα** (θηλ.)	[anginára]
asperge (f)	**σπαράγγι** (ουδ.)	[sparángi]
assiette (f)	**πιάτο** (ουδ.)	[piáto]
aubergine (f)	**μελιτζάνα** (θηλ.)	[melidzána]
avec de la glace	**με πάγο**	[me páɣo]
avocat (m)	**αβοκάντο** (ουδ.)	[avokádo]
avoine (f)	**βρώμη** (θηλ.)	[vrómi]
bacon (m)	**μπέικον** (ουδ.)	[béjkon]
baie (f)	**μούρο** (ουδ.)	[múro]
baies (f pl)	**μούρα** (ουδ.πλ.)	[múra]
banane (f)	**μπανάνα** (θηλ.)	[banána]
bar (m)	**μπαρ** (ουδ.), **μπυραρία** (θηλ.)	[bar], [biraría]
barman (m)	**μπάρμαν** (αρ.)	[bárman]
basilic (m)	**βασιλικός** (αρ.)	[vasilikós]
betterave (f)	**παντζάρι** (ουδ.)	[pandzári]
beurre (m)	**βούτυρο** (ουδ.)	[vútiro]
bière (f)	**μπύρα** (θηλ.)	[bíra]
bière (f) blonde	**ανοιχτόχρωμη μπύρα** (θηλ.)	[anixtóxromi bíra]
bière (f) brune	**σκούρα μπύρα** (θηλ.)	[skúra bíra]
biscuit (m)	**μπισκότο** (ουδ.)	[biskóto]
blé (m)	**σιτάρι** (ουδ.)	[sitári]
blanc (m) d'œuf	**ασπράδι** (ουδ.)	[aspráði]
boisson (f) non alcoolisée	**αναψυκτικό** (ουδ.)	[anapsiktikó]
boissons (f pl) alcoolisées	**αλκοολούχα ποτά** (ουδ.πλ.)	[alʲkoolʲúxa potá]

bolet (m) bai	**μπολέτους γκρίζο** (ουδ.)	[bolétus grízo]
bolet (m) orangé	**μπολέτους πορτοκαλί** (ουδ.)	[bolétus portokalí]
bon (adj)	**νόστιμος**	[nóstimos]
Bon appétit!	**Καλή όρεξη!**	[kalí óreksi]
bonbon (m)	**καραμέλα** (θηλ.)	[karamélʲa]
bouillon (m)	**ζωμός** (αρ.)	[zomós]
brème (f)	**αβραμίδα** (θηλ.)	[avramíða]
brochet (m)	**λούτσος** (αρ.)	[lʲútsos]
brocoli (m)	**μπρόκολο** (ουδ.)	[brókolʲo]
cèpe (m)	**βασιλομανίταρο** (ουδ.)	[vasilʲomanítaro]
céleri (m)	**σέλινο** (ουδ.)	[sélino]
céréales (f pl)	**δημητριακών** (ουδ.πλ.)	[ðimitriakón]
cacahuète (f)	**φυστίκι** (ουδ.)	[fistíki]
café (m)	**καφές** (αρ.)	[kafés]
café (m) au lait	**καφές με γάλα** (αρ.)	[kafés me ɣálʲa]
café (m) noir	**σκέτος καφές** (αρ.)	[skétos kafés]
café (m) soluble	**στιγμιαίος καφές** (αρ.)	[stiɣmiéos kafes]
calamar (m)	**καλαμάρι** (ουδ.)	[kalʲamári]
calorie (f)	**θερμίδα** (θηλ.)	[θermíða]
canard (m)	**πάπια** (θηλ.)	[pápia]
canneberge (f)	**κράνμπερι** (ουδ.)	[kránberi]
cannelle (f)	**κανέλα** (θηλ.)	[kanélʲa]
cappuccino (m)	**καπουτσίνο** (αρ.)	[kaputsíno]
carotte (f)	**καρότο** (ουδ.)	[karóto]
carpe (f)	**κυπρίνος** (αρ.)	[kiprínos]
carte (f)	**κατάλογος** (αρ.)	[katálʲoɣos]
carte (f) des vins	**κατάλογος κρασιών** (αρ.)	[katálʲoɣos krasión]
cassis (m)	**μαύρο φραγκοστάφυλο** (ουδ.)	[mávro frangostáfilʲo]
caviar (m)	**χαβιάρι** (ουδ.)	[xaviári]
cerise (f)	**βύσσινο** (ουδ.)	[vísino]
champagne (m)	**σαμπάνια** (θηλ.)	[sambánia]
champignon (m)	**μανιτάρι** (ουδ.)	[manitári]
champignon (m) comestible	**βρώσιμο μανιτάρι** (ουδ.)	[vrósimo manitári]
champignon (m) vénéneux	**δηλητηριώδες μανιτάρι** (ουδ.)	[ðilitirióðes manitári]
chaud (adj)	**ζεστός**	[zestós]
chocolat (m)	**σοκολάτα** (θηλ.)	[sokolʲáta]
chou (m)	**λάχανο** (ουδ.)	[lʲáxano]
chou (m) de Bruxelles	**λαχανάκι Βρυξελλών** (ουδ.)	[lʲaxanáki vrikselʲón]
chou-fleur (m)	**κουνουπίδι** (ουδ.)	[kunupíði]
citron (m)	**λεμόνι** (ουδ.)	[lemóni]
clou (m) de girofle	**γαρίφαλο** (ουδ.)	[ɣarífalʲo]
cocktail (m)	**κοκτέιλ** (ουδ.)	[koktéjlʲ]
cocktail (m) au lait	**μιλκσέικ** (ουδ.)	[milʲkséjk]
cognac (m)	**κονιάκ** (ουδ.)	[konják]
concombre (m)	**αγγούρι** (ουδ.)	[angúri]
condiment (m)	**μπαχαρικό** (ουδ.)	[baxarikó]
confiserie (f)	**ζαχαροπλαστική** (θηλ.)	[zaxaroplʲastikí]

confiture (f)	μαρμελάδα (θηλ.)	[marmelʲáða]
confiture (f)	μαρμελάδα (θηλ.)	[marmelʲáða]
congelé (adj)	κατεψυγμένος	[katepsiɣménos]
conserves (f pl)	κονσέρβες (θηλ.πλ.)	[konsérves]
coriandre (m)	κόλιανδρος (αρ.)	[kólianðros]
courgette (f)	κολοκύθι (ουδ.)	[kolʲokíθi]
couteau (m)	μαχαίρι (ουδ.)	[maxéri]
crème (f)	κρέμα γάλακτος (θηλ.)	[kréma ɣálʲaktos]
crème (f) aigre	ξινή κρέμα (θηλ.)	[ksiní kréma]
crème (f) au beurre	κρέμα (θηλ.)	[kréma]
crabe (m)	καβούρι (ουδ.)	[kavúri]
crevette (f)	γαρίδα (θηλ.)	[ɣaríða]
cuillère (f)	κουτάλι (ουδ.)	[kutáli]
cuillère (f) à soupe	κουτάλι της σούπας (ουδ.)	[kutáli tis súpas]
cuisine (f)	κουζίνα (θηλ.)	[kuzína]
cuisse (f)	καπνιστό χοιρομέρι (ουδ.)	[kapnistó xiroméri]
cuit à l'eau (adj)	βραστός	[vrastós]
cumin (m)	κύμινο (ουδ.)	[kímino]
cure-dent (m)	οδοντογλυφίδα (θηλ.)	[oðondoɣlifíða]
déjeuner (m)	μεσημεριανό (ουδ.)	[mesimerianó]
dîner (m)	δείπνο (ουδ.)	[ðípno]
datte (f)	χουρμάς (αρ.)	[xurmás]
dessert (m)	επιδόρπιο (ουδ.)	[epiðórpio]
dinde (f)	γαλοπούλα (θηλ.)	[ɣalʲopúlʲa]
du bœuf	βοδινό κρέας (ουδ.)	[voðinó kréas]
du mouton	αρνήσιο κρέας (ουδ.)	[arnísio kréas]
du porc	χοιρινό κρέας (ουδ.)	[xirinó kréas]
du veau	μοσχαρίσιο κρέας (ουδ.)	[mosxarísio kréas]
eau (f)	νερό (ουδ.)	[neró]
eau (f) minérale	μεταλλικό νερό (ουδ.)	[metalikó neró]
eau (f) potable	πόσιμο νερό (ουδ.)	[pósimo neró]
en chocolat (adj)	σοκολατένιος	[sokolʲaténios]
esturgeon (m)	οξύρυγχος (αρ.)	[oksírinxos]
fèves (f pl)	κουκί (ουδ.)	[kukí]
farce (f)	κιμάς (αρ.)	[kimás]
farine (f)	αλεύρι (ουδ.)	[alévri]
fenouil (m)	άνηθος (αρ.)	[ániθos]
feuille (f) de laurier	φύλλο δάφνης (ουδ.)	[fílʲo ðáfnis]
figue (f)	σύκο (ουδ.)	[síko]
flétan (m)	ιππόγλωσσος (αρ.)	[ipóɣlʲosos]
flet (m)	πλατύψαρο (ουδ.)	[plʲatípsaro]
foie (m)	συκώτι (ουδ.)	[sikóti]
fourchette (f)	πιρούνι (ουδ.)	[pirúni]
fraise (f)	φράουλα (θηλ.)	[fráulʲa]
fraise (f) des bois	χαμοκέρασο (ουδ.)	[kxamokéraso]
framboise (f)	σμέουρο (ουδ.)	[zméuro]
frit (adj)	τηγανητός	[tiɣanitós]
froid (adj)	κρύος	[kríos]
fromage (m)	τυρί (ουδ.)	[tirí]
fruit (m)	φρούτο (ουδ.)	[frúto]
fruits (m pl) de mer	θαλασσινά (θηλ.πλ.)	[θalʲasiná]
fumé (adj)	καπνιστός	[kapnistós]

gâteau (m)	**κέικ** (ουδ.)	[kéjk]
gâteau (m)	**πίτα** (θηλ.)	[píta]
garniture (f)	**γέμιση** (θηλ.)	[ʝémisi]
garniture (f)	**συνοδευτικό πιάτο** (ουδ.)	[sinoðeftikó piáto]
gaufre (f)	**γκοφρέτες** (θηλ.πλ.)	[gofrétes]
gazeuse (adj)	**ανθρακούχος**	[anθrakúxos]
gibier (m)	**θήραμα** (ουδ.)	[θírama]
gin (m)	**τζιν** (ουδ.)	[dzin]
gingembre (m)	**πιπερόριζα** (θηλ.)	[piperóriza]
girolle (f)	**κανθαρέλλα** (θηλ.)	[kanθarélʲa]
glace (f)	**πάγος** (αρ.)	[páɣos]
glace (f)	**παγωτό** (ουδ.)	[paɣotó]
glucides (m pl)	**υδατάνθρακες** (αρ.πλ.)	[iðatánθrakes]
goût (m)	**γεύση** (θηλ.)	[ʝéfsi]
gomme (f) à mâcher	**τσίχλα** (θηλ.)	[tsíxlʲa]
grains (m pl)	**σιτηρά** (ουδ.πλ.)	[sitirá]
grenade (f)	**ρόδι** (ουδ.)	[róði]
groseille (f) rouge	**κόκκινο φραγκοστάφυλο** (ουδ.)	[kókino frangostáfilʲo]
groseille (f) verte	**λαγοκέρασο** (ουδ.)	[lʲaɣokéraso]
gruau (m)	**πλιγούρι** (ουδ.)	[pliɣúri]
hamburger (m)	**χάμπουργκερ** (ουδ.)	[xámburger]
hareng (m)	**ρέγγα** (θηλ.)	[rénga]
haricot (m)	**κόκκινο φασόλι** (ουδ.)	[kókino fasóli]
hors-d'œuvre (m)	**ορεκτικό** (ουδ.)	[orektikó]
huître (f)	**στρείδι** (ουδ.)	[stríði]
huile (f) d'olive	**ελαιόλαδο** (ουδ.)	[eleólʲaðo]
huile (f) de tournesol	**ηλιέλαιο** (ουδ.)	[iliéleo]
huile (f) végétale	**φυτικό λάδι** (ουδ.)	[fitikó lʲáði]
jambon (m)	**ζαμπόν** (ουδ.)	[zabón]
jaune (m) d'œuf	**κρόκος** (αρ.)	[krókos]
jus (m)	**χυμός** (αρ.)	[ximós]
jus (m) d'orange	**χυμός πορτοκαλιού** (αρ.)	[ximós portokaliú]
jus (m) de tomate	**χυμός ντομάτας** (αρ.)	[ximós domátas]
jus (m) pressé	**φρέσκος χυμός** (αρ.)	[fréskos ximós]
kiwi (m)	**ακτινίδιο** (ουδ.)	[aktiníðio]
légumes (m pl)	**λαχανικά** (ουδ.πλ.)	[lʲaxaniká]
lait (m)	**γάλα** (ουδ.)	[ɣálʲa]
lait (m) condensé	**συμπυκνωμένο γάλα** (ουδ.)	[simbiknoméno ɣálʲa]
laitue (f), salade (f)	**μαρούλι** (ουδ.)	[marúli]
langoustine (f)	**ακανθωτός αστακός** (αρ.)	[akanθotós astakós]
langue (f)	**γλώσσα** (θηλ.)	[ɣlʲósa]
lapin (m)	**κουνέλι** (ουδ.)	[kunéli]
lentille (f)	**φακή** (θηλ.)	[fakí]
les œufs	**αυγά** (ουδ.πλ.)	[avɣá]
les œufs brouillés	**τηγανητά αυγά** (ουδ.πλ.)	[tiɣanitá avɣá]
limonade (f)	**λεμονάδα** (θηλ.)	[lemonáða]
lipides (m pl)	**λίπη** (ουδ.πλ.)	[lípi]
liqueur (f)	**λικέρ** (ουδ.)	[likér]
mûre (f)	**βατόμουρο** (ουδ.)	[vatómuro]
maïs (m)	**καλαμπόκι** (ουδ.)	[kalʲambóki]

maïs (m)	**καλαμπόκι** (ουδ.)	[kalʲambóki]
mandarine (f)	**μανταρίνι** (ουδ.)	[mandaríni]
mangue (f)	**μάγκο** (ουδ.)	[mángo]
maquereau (m)	**σκουμπρί** (ουδ.)	[skumbrí]
margarine (f)	**μαργαρίνη** (θηλ.)	[maryaríni]
mariné (adj)	**τουρσί**	[tursí]
marmelade (f)	**μαρμελάδα** (θηλ.)	[marmelʲáða]
melon (m)	**πεπόνι** (ουδ.)	[pepóni]
merise (f)	**κεράσι** (ουδ.)	[kerási]
miel (m)	**μέλι** (ουδ.)	[méli]
miette (f)	**ψίχουλο** (ουδ.)	[psíxulʲo]
millet (m)	**κεχρί** (ουδ.)	[kexrí]
morceau (m)	**κομμάτι** (ουδ.)	[komáti]
morille (f)	**μορχέλλη** (θηλ.)	[morxéli]
morue (f)	**μπακαλιάρος** (αρ.)	[bakaliáros]
moutarde (f)	**μουστάρδα** (θηλ.)	[mustárða]
myrtille (f)	**μύρτιλλο** (ουδ.)	[mírtilʲo]
navet (m)	**γογγύλι** (ουδ.), **ρέβα** (θηλ.)	[yongíli], [réva]
noisette (f)	**φουντούκι** (ουδ.)	[fundúki]
noix (f)	**καρύδι** (ουδ.)	[karíði]
noix (f) de coco	**καρύδα** (θηλ.)	[karíða]
nouilles (f pl)	**νουντλς** (ουδ.πλ.)	[nudls]
nourriture (f)	**τροφή** (θηλ.), **φαγητό** (ουδ.)	[trofí], [fajitó]
oie (f)	**χήνα** (θηλ.)	[xína]
oignon (m)	**κρεμμύδι** (ουδ.)	[kremíði]
olives (f pl)	**ελιές** (θηλ.πλ.)	[eliés]
omelette (f)	**ομελέτα** (θηλ.)	[omeléta]
orange (f)	**πορτοκάλι** (ουδ.)	[portokáli]
orge (f)	**κριθάρι** (ουδ.)	[kriθári]
oronge (f) verte	**θανατίτης** (αρ.)	[θanatítis]
ouvre-boîte (m)	**ανοιχτήρι** (ουδ.)	[anixtíri]
ouvre-bouteille (m)	**ανοιχτήρι** (ουδ.)	[anixtíri]
pâté (m)	**πατέ** (ουδ.)	[paté]
pâtes (m pl)	**ζυμαρικά** (ουδ.πλ.)	[zimariká]
pétales (m pl) de maïs	**κορν φλέικς** (ουδ.πλ.)	[kornfléjks]
pétillante (adj)	**ανθρακούχο**	[anθrakúxo]
pêche (f)	**ροδάκινο** (ουδ.)	[roðákino]
pain (m)	**ψωμί** (ουδ.)	[psomí]
pamplemousse (m)	**γκρέιπφρουτ** (ουδ.)	[gréjpfrut]
papaye (f)	**παπάγια** (θηλ.)	[papája]
paprika (m)	**πάπρικα** (θηλ.)	[páprika]
pastèque (f)	**καρπούζι** (ουδ.)	[karpúzi]
peau (f)	**φλούδα** (θηλ.)	[flʲúða]
perche (f)	**πέρκα** (θηλ.)	[pérka]
persil (m)	**μαϊντανός** (αρ.)	[majdanós]
petit déjeuner (m)	**πρωινό** (ουδ.)	[proinó]
petite cuillère (f)	**κουταλάκι του γλυκού** (ουδ.)	[kutalʲáki tu ylikú]
pistaches (f pl)	**φυστίκια** (ουδ.πλ.)	[fistíkia]
pizza (f)	**πίτσα** (θηλ.)	[pítsa]
plat (m)	**πιάτο** (ουδ.)	[piáto]
plate (adj)	**χωρίς ανθρακικό**	[xorís anθrakikó]

poire (f)	**αχλάδι** (ουδ.)	[axlʲáði]
pois (m)	**αρακάς** (αρ.)	[arakás]
poisson (m)	**ψάρι** (ουδ.)	[psári]
poivre (m) noir	**μαύρο πιπέρι** (ουδ.)	[mávro pipéri]
poivre (m) rouge	**κόκκινο πιπέρι** (ουδ.)	[kókino pipéri]
poivron (m)	**πιπεριά** (θηλ.)	[piperiá]
pomme (f)	**μήλο** (ουδ.)	[mílʲo]
pomme (f) de terre	**πατάτα** (θηλ.)	[patáta]
portion (f)	**μερίδα** (θηλ.)	[meríða]
potiron (m)	**κολοκύθα** (θηλ.)	[kolʲokíθa]
poulet (m)	**κότα** (θηλ.)	[kóta]
pourboire (m)	**πουρμπουάρ** (ουδ.)	[purbuár]
protéines (f pl)	**πρωτεΐνες** (θηλ.πλ.)	[proteínes]
prune (f)	**δαμάσκηνο** (ουδ.)	[ðamáskino]
purée (f)	**πουρές** (αρ.)	[purés]
régime (m)	**δίαιτα** (θηλ.)	[ðíeta]
radis (m)	**ρεπανάκι** (ουδ.)	[repanáki]
rafraîchissement (m)	**αναψυκτικό** (ουδ.)	[anapsiktikó]
raifort (m)	**χρένο** (ουδ.)	[xréno]
raisin (m)	**σταφύλι** (ουδ.)	[stafíli]
raisin (m) sec	**σταφίδα** (θηλ.)	[stafíða]
recette (f)	**συνταγή** (θηλ.)	[sindaʝí]
requin (m)	**καρχαρίας** (αρ.)	[karxarías]
rhum (m)	**ρούμι** (ουδ.)	[rúmi]
riz (m)	**ρύζι** (ουδ.)	[rízi]
russule (f)	**ρούσουλα** (θηλ.)	[rúsulʲa]
sésame (m)	**σουσάμι** (ουδ.)	[susámi]
safran (m)	**σαφράν** (ουδ.)	[safrán]
salé (adj)	**αλμυρός**	[alʲmirós]
salade (f)	**σαλάτα** (θηλ.)	[salʲáta]
sandre (f)	**ποταμολάβρακο** (ουδ.)	[potamolʲávrako]
sandwich (m)	**σάντουιτς** (ουδ.)	[sánduits]
sans alcool	**χωρίς αλκοόλ**	[xorís alʲkoólʲ]
sardine (f)	**σαρδέλα** (θηλ.)	[sarðélʲa]
sarrasin (m)	**μαυροσίταρο** (ουδ.)	[mavrosítaro]
sauce (f)	**σάλτσα** (θηλ.)	[sálʲtsa]
sauce (f) mayonnaise	**μαγιονέζα** (θηλ.)	[majonéza]
saucisse (f)	**λουκάνικο** (ουδ.)	[lʲukániko]
saucisson (m)	**λουκάνικο** (ουδ.)	[lʲukániko]
saumon (m)	**σολομός** (αρ.)	[solʲomós]
saumon (m) atlantique	**σολομός του Ατλαντικού** (αρ.)	[solʲomós tu atlʲandikú]
sec (adj)	**αποξηραμένος**	[apoksiraménos]
seigle (m)	**σίκαλη** (θηλ.)	[síkali]
sel (m)	**αλάτι** (ουδ.)	[alʲáti]
serveur (m)	**σερβιτόρος** (αρ.)	[servitóros]
serveuse (f)	**σερβιτόρα** (θηλ.)	[servitóra]
silure (m)	**γουλιανός** (αρ.)	[ɣulianós]
soja (m)	**σόγια** (θηλ.)	[sója]
soucoupe (f)	**πιατάκι** (ουδ.)	[piatáki]
soupe (f)	**σούπα** (θηλ.)	[súpa]
spaghettis (m pl)	**σπαγγέτι** (ουδ.)	[spagéti]

steak (m)	μπριζόλα (θηλ.)	[brizólʲa]
sucré (adj)	γλυκός	[ɣlikós]
sucre (m)	ζάχαρη (θηλ.)	[záxari]
tarte (f)	τούρτα (θηλ.)	[túrta]
tasse (f)	φλιτζάνι (ουδ.)	[flidzáni]
thé (m)	τσάι (ουδ.)	[tsáj]
thé (m) noir	μαύρο τσάι (ουδ.)	[mávro tsaj]
thé (m) vert	πράσινο τσάι (ουδ.)	[prásino tsaj]
thon (m)	τόνος (αρ.)	[tónos]
tire-bouchon (m)	τιρμπουσόν (ουδ.)	[tirbusón]
tomate (f)	ντομάτα (θηλ.)	[domáta]
tranche (f)	φέτα (θηλ.)	[féta]
truite (f)	πέστροφα (θηλ.)	[péstrofa]
végétarien (adj)	χορτοφάγος	[xortofáɣos]
végétarien (m)	χορτοφάγος (αρ.)	[xortofáɣos]
verdure (f)	χόρτα (ουδ.)	[xórta]
vermouth (m)	βερμούτ (ουδ.)	[vermút]
verre (m)	ποτήρι (ουδ.)	[potíri]
verre (m) à vin	κρασοπότηρο (ουδ.)	[krasopótiro]
viande (f)	κρέας (ουδ.)	[kréas]
vin (m)	κρασί (ουδ.)	[krasí]
vin (m) blanc	λευκό κρασί (ουδ.)	[lefkó krasí]
vin (m) rouge	κόκκινο κρασί (ουδ.)	[kókino krasí]
vinaigre (m)	ξίδι (ουδ.)	[ksíði]
vitamine (f)	βιταμίνη (θηλ.)	[vitamíni]
vodka (f)	βότκα (θηλ.)	[vótka]
whisky (m)	ουίσκι (ουδ.)	[wíski]
yogourt (m)	γιαούρτι (ουδ.)	[jaúrti]

Grec-Français glossaire gastronomique

Καλή όρεξη!	[kalí óreksi]	Bon appétit!
άνηθος (αρ.)	[ániθos]	fenouil (m)
αβοκάντο (ουδ.)	[avokádo]	avocat (m)
αβραμίδα (θηλ.)	[avramíða]	brème (f)
αγγούρι (ουδ.)	[angúri]	concombre (m)
αγκινάρα (θηλ.)	[anginára]	artichaut (m)
ακανθωτός αστακός (αρ.)	[akanθotós astakós]	langoustine (f)
ακτινίδιο (ουδ.)	[aktiníðio]	kiwi (m)
αλάτι (ουδ.)	[alʲáti]	sel (m)
αλεύρι (ουδ.)	[alévri]	farine (f)
αλκοολούχα ποτά (ουδ.πλ.)	[alʲkoolʲúxa potá]	boissons (f pl) alcoolisées
αλμυρός	[alʲmirós]	salé (adj)
αμύγδαλο (ουδ.)	[amíɣðalʲo]	amande (f)
ανανάς (αρ.)	[ananás]	ananas (m)
αναψυκτικό (ουδ.)	[anapsiktikó]	boisson (f) non alcoolisée
αναψυκτικό (ουδ.)	[anapsiktikó]	rafraîchissement (m)
ανθρακούχο	[anθrakúxo]	pétillante (adj)
ανθρακούχος	[anθrakúxos]	gazeuse (adj)
ανοιχτήρι (ουδ.)	[anixtíri]	ouvre-bouteille (m)
ανοιχτήρι (ουδ.)	[anixtíri]	ouvre-boîte (m)
ανοιχτόχρωμη μπύρα (θηλ.)	[anixtóxromi bíra]	bière (f) blonde
απεριτίφ (ουδ.)	[aperitíf]	apéritif (m)
αποξηραμένος	[apoksiraménos]	sec (adj)
αρακάς (αρ.)	[arakás]	pois (m)
αρνήσιο κρέας (ουδ.)	[arnísio kréas]	du mouton
ασπράδι (ουδ.)	[aspráði]	blanc (m) d'œuf
αυγά (ουδ.πλ.)	[avɣá]	les œufs
αυγό (ουδ.)	[avɣó]	œuf (m)
αχλάδι (ουδ.)	[axlʲáði]	poire (f)
βασιλικός (αρ.)	[vasilikós]	basilic (m)
βασιλομανίταρο (ουδ.)	[vasilʲomanítaro]	cèpe (m)
βατόμουρο (ουδ.)	[vatómuro]	mûre (f)
βερίκοκο (ουδ.)	[veríkoko]	abricot (m)
βερμούτ (ουδ.)	[vermút]	vermouth (m)
βιταμίνη (θηλ.)	[vitamíni]	vitamine (f)
βοδινό κρέας (ουδ.)	[voðinó kréas]	du bœuf
βούτυρο (ουδ.)	[vútiro]	beurre (m)
βραστός	[vrastós]	cuit à l'eau (adj)
βρώμη (θηλ.)	[vrómi]	avoine (f)
βρώσιμο μανιτάρι (ουδ.)	[vrósimo manitári]	champignon (m) comestible

βότκα (θηλ.)	[vótka]	vodka (f)
βύσσινο (ουδ.)	[vísino]	cerise (f)
γάλα (ουδ.)	[ɣálʲa]	lait (m)
γέμιση (θηλ.)	[ʝémisi]	garniture (f)
γαλοπούλα (θηλ.)	[ɣalʲopúlʲa]	dinde (f)
γαρίδα (θηλ.)	[ɣaríða]	crevette (f)
γαρίφαλο (ουδ.)	[ɣarífalʲo]	clou (m) de girofle
γεύση (θηλ.)	[ʝéfsi]	goût (m)
γιαούρτι (ουδ.)	[ʝaúrti]	yogourt (m)
γκοφρέτες (θηλ.πλ.)	[gofrétes]	gaufre (f)
γκρέιπφρουτ (ουδ.)	[gréjpfrut]	pamplemousse (m)
γλυκάνισος (αρ.)	[ɣlikánisos]	anis (m)
γλυκός	[ɣlikós]	sucré (adj)
γλώσσα (θηλ.)	[ɣlʲósa]	langue (f)
γογγύλι (ουδ.), **ρέβα** (θηλ.)	[ɣongíli], [réva]	navet (m)
γουλιανός (αρ.)	[ɣulianós]	silure (m)
δίαιτα (θηλ.)	[ðíeta]	régime (m)
δαμάσκηνο (ουδ.)	[ðamáskino]	prune (f)
δείπνο (ουδ.)	[ðípno]	dîner (m)
δηλητηριώδες μανιτάρι (ουδ.)	[ðilitirióðes manitári]	champignon (m) vénéneux
δημητριακών (ουδ.πλ.)	[ðimitriakón]	céréales (f pl)
ελαιόλαδο (ουδ.)	[eleólʲaðo]	huile (f) d'olive
ελιές (θηλ.πλ.)	[eliés]	olives (f pl)
επίγευση (θηλ.)	[epíʝefsi]	arrière-goût (m)
επιδόρπιο (ουδ.)	[epiðórpio]	dessert (m)
ζάχαρη (θηλ.)	[záxari]	sucre (m)
ζαμπόν (ουδ.)	[zabón]	jambon (m)
ζαχαροπλαστική (θηλ.)	[zaxaroplʲastikí]	confiserie (f)
ζεστός	[zestós]	chaud (adj)
ζουρλομανίταρο (ουδ.)	[zurlʲomanítaro]	amanite (f) tue-mouches
ζυμαρικά (ουδ.πλ.)	[zimariká]	pâtes (m pl)
ζωμός (αρ.)	[zomós]	bouillon (m)
ηλιέλαιο (ουδ.)	[iliéleo]	huile (f) de tournesol
θήραμα (ουδ.)	[θírama]	gibier (m)
θαλασσινά (θηλ.πλ.)	[θalʲasiná]	fruits (m pl) de mer
θανατίτης (αρ.)	[θanatítis]	oronge (f) verte
θερμίδα (θηλ.)	[θermíða]	calorie (f)
ιππόγλωσσος (αρ.)	[ipóɣlʲosos]	flétan (m)
κέικ (ουδ.)	[kéjk]	gâteau (m)
καβούρι (ουδ.)	[kavúri]	crabe (m)
καλαμάρι (ουδ.)	[kalʲamári]	calamar (m)
καλαμπόκι (ουδ.)	[kalʲambóki]	maïs (m)
καλαμπόκι (ουδ.)	[kalʲambóki]	maïs (m)
κανέλα (θηλ.)	[kanélʲa]	cannelle (f)
κανθαρέλλα (θηλ.)	[kanθarélʲa]	girolle (f)
καπνιστό χοιρομέρι (ουδ.)	[kapnistó xiroméri]	cuisse (f)
καπνιστός	[kapnistós]	fumé (adj)
καπουτσίνο (αρ.)	[kaputsíno]	cappuccino (m)
καραμέλα (θηλ.)	[karamélʲa]	bonbon (m)
καρπούζι (ουδ.)	[karpúzi]	pastèque (f)
καρχαρίας (αρ.)	[karxarías]	requin (m)

καρότο (ουδ.)	[karóto]	carotte (f)
καρύδα (θηλ.)	[karíða]	noix (f) de coco
καρύδι (ουδ.)	[karíði]	noix (f)
καρύκευμα (ουδ.)	[karíkevma]	épice (f)
κατάλογος κρασιών (αρ.)	[katálʲoɣos krasión]	carte (f) des vins
κατάλογος (αρ.)	[katálʲoɣos]	carte (f)
κατεψυγμένος	[katepsiɣménos]	congelé (adj)
καφές με γάλα (αρ.)	[kafés me ɣálʲa]	café (m) au lait
καφές (αρ.)	[kafés]	café (m)
κεράσι (ουδ.)	[kerási]	merise (f)
κεχρί (ουδ.)	[kexrí]	millet (m)
κιμάς (αρ.)	[kimás]	farce (f)
κοκτέιλ (ουδ.)	[koktéjlʲ]	cocktail (m)
κολοκύθα (θηλ.)	[kolʲokíθa]	potiron (m)
κολοκύθι (ουδ.)	[kolʲokíθi]	courgette (f)
κομμάτι (ουδ.)	[komáti]	morceau (m)
κονιάκ (ουδ.)	[konják]	cognac (m)
κονσέρβες (θηλ.πλ.)	[konsérves]	conserves (f pl)
κορν φλέικς (ουδ.πλ.)	[kornfléjks]	pétales (m pl) de maïs
κουζίνα (θηλ.)	[kuzína]	cuisine (f)
κουκί (ουδ.)	[kukí]	fèves (f pl)
κουνέλι (ουδ.)	[kunéli]	lapin (m)
κουνουπίδι (ουδ.)	[kunupíði]	chou-fleur (m)
κουτάλι της σούπας (ουδ.)	[kutáli tis súpas]	cuillère (f) à soupe
κουτάλι (ουδ.)	[kutáli]	cuillère (f)
κουταλάκι του γλυκού (ουδ.)	[kutalʲáki tu ɣlikú]	petite cuillère (f)
κράνμπερι (ουδ.)	[kránberi]	canneberge (f)
κρέας (ουδ.)	[kréas]	viande (f)
κρέμα γάλακτος (θηλ.)	[kréma ɣálʲaktos]	crème (f)
κρέμα (θηλ.)	[kréma]	crème (f) au beurre
κρασί (ουδ.)	[krasí]	vin (m)
κρασοπότηρο (ουδ.)	[krasopótiro]	verre (m) à vin
κρεμμύδι (ουδ.)	[kremíði]	oignon (m)
κριθάρι (ουδ.)	[kriθári]	orge (f)
κρόκος (αρ.)	[krókos]	jaune (m) d'œuf
κρύος	[kríos]	froid (adj)
κυπρίνος (αρ.)	[kiprínos]	carpe (f)
κόκκινο κρασί (ουδ.)	[kókino krasí]	vin (m) rouge
κόκκινο πιπέρι (ουδ.)	[kókino pipéri]	poivre (m) rouge
κόκκινο φασόλι (ουδ.)	[kókino fasóli]	haricot (m)
κόκκινο φραγκοστάφυλο (ουδ.)	[kókino frangostáfilʲo]	groseille (f) rouge
κόλιανδρος (αρ.)	[kólianðros]	coriandre (m)
κότα (θηλ.)	[kóta]	poulet (m)
κύμινο (ουδ.)	[kímino]	cumin (m)
λάχανο (ουδ.)	[lʲáxano]	chou (m)
λίπη (ουδ.πλ.)	[lípi]	lipides (m pl)
λαγοκέρασο (ουδ.)	[lʲaɣokéraso]	groseille (f) verte
λαχανάκι Βρυξελλών (ουδ.)	[lʲaxanáki vrikselʲón]	chou (m) de Bruxelles
λαχανικά (ουδ.πλ.)	[lʲaxaniká]	légumes (m pl)

λεμονάδα (θηλ.)	[lemonáða]	limonade (f)
λεμόνι (ουδ.)	[lemóni]	citron (m)
λευκό κρασί (ουδ.)	[lefkó krasí]	vin (m) blanc
λικέρ (ουδ.)	[likér]	liqueur (f)
λογαριασμός (αρ.)	[ljoɣariazmós]	addition (f)
λουκάνικο (ουδ.)	[ljukániko]	saucisson (m)
λουκάνικο (ουδ.)	[ljukániko]	saucisse (f)
λούτσος (αρ.)	[ljútsos]	brochet (m)
μάγκο (ουδ.)	[mángo]	mangue (f)
μέλι (ουδ.)	[méli]	miel (m)
μήλο (ουδ.)	[míljo]	pomme (f)
μαγιονέζα (θηλ.)	[majonéza]	sauce (f) mayonnaise
μανιτάρι (ουδ.)	[manitári]	champignon (m)
μανταρίνι (ουδ.)	[mandaríni]	mandarine (f)
μαργαρίνη (θηλ.)	[marɣaríni]	margarine (f)
μαρμελάδα (θηλ.)	[marmeljáða]	confiture (f)
μαρμελάδα (θηλ.)	[marmeljáða]	confiture (f)
μαρμελάδα (θηλ.)	[marmeljáða]	marmelade (f)
μαρούλι (ουδ.)	[marúli]	laitue (f), salade (f)
μαυροσίταρο (ουδ.)	[mavrosítaro]	sarrasin (m)
μαχαίρι (ουδ.)	[maxéri]	couteau (m)
μαϊντανός (αρ.)	[majdanós]	persil (m)
μαύρο πιπέρι (ουδ.)	[mávro pipéri]	poivre (m) noir
μαύρο τσάι (ουδ.)	[mávro tsaj]	thé (m) noir
μαύρο φραγκοστάφυλο (ουδ.)	[mávro frangostáfiljo]	cassis (m)
με πάγο	[me páɣo]	avec de la glace
μελιτζάνα (θηλ.)	[melidzána]	aubergine (f)
μερίδα (θηλ.)	[meríða]	portion (f)
μεσημεριανό (ουδ.)	[mesimerianó]	déjeuner (m)
μεταλλικό νερό (ουδ.)	[metalikó neró]	eau (f) minérale
μιλκσέικ (ουδ.)	[miljkséjk]	cocktail (m) au lait
μορχέλλη (θηλ.)	[morxéli]	morille (f)
μοσχαρίσιο κρέας (ουδ.)	[mosxarísio kréas]	du veau
μουστάρδα (θηλ.)	[mustárða]	moutarde (f)
μούρα (ουδ.πλ.)	[múra]	baies (f pl)
μούρο (ουδ.)	[múro]	baie (f)
μπάρμαν (αρ.)	[bárman]	barman (m)
μπέικον (ουδ.)	[béjkon]	bacon (m)
μπακαλιάρος (αρ.)	[bakaliáros]	morue (f)
μπανάνα (θηλ.)	[banána]	banane (f)
μπαρ (ουδ.), μπυραρία (θηλ.)	[bar], [biraría]	bar (m)
μπαχαρικό (ουδ.)	[baxarikó]	condiment (m)
μπισκότο (ουδ.)	[biskóto]	biscuit (m)
μπολέτους γκρίζο (ουδ.)	[bolétus grízo]	bolet (m) bai
μπολέτους πορτοκαλί (ουδ.)	[bolétus portokalí]	bolet (m) orangé
μπριζόλα (θηλ.)	[brizólja]	steak (m)
μπρόκολο (ουδ.)	[brókoljo]	brocoli (m)
μπύρα (θηλ.)	[bíra]	bière (f)
μύρτιλλο (ουδ.)	[mírtiljo]	myrtille (f)

νερό (ουδ.)	[neró]	eau (f)
νουντλς (ουδ.πλ.)	[nudls]	nouilles (f pl)
ντομάτα (θηλ.)	[domáta]	tomate (f)
νόστιμος	[nóstimos]	bon (adj)
ξίδι (ουδ.)	[ksíði]	vinaigre (m)
ξινή κρέμα (θηλ.)	[ksiní kréma]	crème (f) aigre
οδοντογλυφίδα (θηλ.)	[oðondoɣlifíða]	cure-dent (m)
ομελέτα (θηλ.)	[omeléta]	omelette (f)
οξύρυγχος (αρ.)	[oksírinxos]	esturgeon (m)
ορεκτικό (ουδ.)	[orektikó]	hors-d'œuvre (m)
ουίσκι (ουδ.)	[wíski]	whisky (m)
πάγος (αρ.)	[páɣos]	glace (f)
πάπια (θηλ.)	[pápia]	canard (m)
πάπρικα (θηλ.)	[páprika]	paprika (m)
πέρκα (θηλ.)	[pérka]	perche (f)
πέστροφα (θηλ.)	[péstrofa]	truite (f)
πίτα (θηλ.)	[píta]	gâteau (m)
πίτσα (θηλ.)	[pítsa]	pizza (f)
παγωτό (ουδ.)	[paɣotó]	glace (f)
παντζάρι (ουδ.)	[pandzári]	betterave (f)
παπάγια (θηλ.)	[papája]	papaye (f)
πατάτα (θηλ.)	[patáta]	pomme (f) de terre
πατέ (ουδ.)	[paté]	pâté (m)
πεπόνι (ουδ.)	[pepóni]	melon (m)
πιάτο (ουδ.)	[piáto]	plat (m)
πιάτο (ουδ.)	[piáto]	assiette (f)
πιατάκι (ουδ.)	[piatáki]	soucoupe (f)
πικρός	[pikrós]	amer (adj)
πιπεριά (θηλ.)	[piperiá]	poivron (m)
πιπερόριζα (θηλ.)	[piperóriza]	gingembre (m)
πιρούνι (ουδ.)	[pirúni]	fourchette (f)
πλατύψαρο (ουδ.)	[plʲatípsaro]	flet (m)
πλιγούρι (ουδ.)	[pliɣúri]	gruau (m)
πορτοκάλι (ουδ.)	[portokáli]	orange (f)
ποτήρι (ουδ.)	[potíri]	verre (m)
ποταμολάβρακο (ουδ.)	[potamolʲávrako]	sandre (f)
πουρές (αρ.)	[purés]	purée (f)
πουρμπουάρ (ουδ.)	[purbuár]	pourboire (m)
πράσινο τσάι (ουδ.)	[prásino tsaj]	thé (m) vert
πρωινό (ουδ.)	[proinó]	petit déjeuner (m)
πρωτεΐνες (θηλ.πλ.)	[proteínes]	protéines (f pl)
πόσιμο νερό (ουδ.)	[pósimo neró]	eau (f) potable
ρέγγα (θηλ.)	[rénga]	hareng (m)
ρεπανάκι (ουδ.)	[repanáki]	radis (m)
ροδάκινο (ουδ.)	[roðákino]	pêche (f)
ρούμι (ουδ.)	[rúmi]	rhum (m)
ρούσουλα (θηλ.)	[rúsulʲa]	russule (f)
ρόδι (ουδ.)	[róði]	grenade (f)
ρύζι (ουδ.)	[rízi]	riz (m)
σάλτσα (θηλ.)	[sálʲtsa]	sauce (f)
σάντουιτς (ουδ.)	[sánduits]	sandwich (m)
σέλινο (ουδ.)	[sélino]	céleri (m)

σίκαλη (θηλ.)	[síkali]	seigle (m)
σαλάτα (θηλ.)	[salʲáta]	salade (f)
σαμπάνια (θηλ.)	[sambánia]	champagne (m)
σαρδέλα (θηλ.)	[sarðélʲa]	sardine (f)
σαφράν (ουδ.)	[safrán]	safran (m)
σερβιτόρα (θηλ.)	[servitóra]	serveuse (f)
σερβιτόρος (αρ.)	[servitóros]	serveur (m)
σιτάρι (ουδ.)	[sitári]	blé (m)
σιτηρά (ουδ.πλ.)	[sitirá]	grains (m pl)
σκέτος καφές (αρ.)	[skétos kafés]	café (m) noir
σκουμπρί (ουδ.)	[skumbrí]	maquereau (m)
σκούρα μπύρα (θηλ.)	[skúra bíra]	bière (f) brune
σκόρδο (ουδ.)	[skórðo]	ail (m)
σμέουρο (ουδ.)	[zméuro]	framboise (f)
σοκολάτα (θηλ.)	[sokolʲáta]	chocolat (m)
σοκολατένιος	[sokolʲaténios]	en chocolat (adj)
σολομός του Ατλαντικού (αρ.)	[solʲomós tu atlʲandikú]	saumon (m) atlantique
σολομός (αρ.)	[solʲomós]	saumon (m)
σουσάμι (ουδ.)	[susámi]	sésame (m)
σούπα (θηλ.)	[súpa]	soupe (f)
σπαγγέτι (ουδ.)	[spagéti]	spaghettis (m pl)
σπανάκι (ουδ.)	[spanáki]	épinard (m)
σπαράγγι (ουδ.)	[sparángi]	asperge (f)
στάχυ (ουδ.)	[stáxi]	épi (m)
σταφίδα (θηλ.)	[stafíða]	raisin (m) sec
σταφύλι (ουδ.)	[stafíli]	raisin (m)
στιγμιαίος καφές (αρ.)	[stiɣmiéos kafes]	café (m) soluble
στρείδι (ουδ.)	[stríði]	huître (f)
συκώτι (ουδ.)	[sikóti]	foie (m)
συμπυκνωμένο γάλα (ουδ.)	[simbiknoméno ɣálʲa]	lait (m) condensé
συνοδευτικό πιάτο (ουδ.)	[sinoðeftikó piáto]	garniture (f)
συνταγή (θηλ.)	[sindaʝí]	recette (f)
σόγια (θηλ.)	[sóʝa]	soja (m)
σύκο (ουδ.)	[síko]	figue (f)
τζιν (ουδ.)	[dzin]	gin (m)
τηγανητά αυγά (ουδ.πλ.)	[tiɣanitá avɣá]	les œufs brouillés
τηγανητός	[tiɣanitós]	frit (adj)
τιρμπουσόν (ουδ.)	[tirbusón]	tire-bouchon (m)
τουρσί	[tursí]	mariné (adj)
τούρτα (θηλ.)	[túrta]	tarte (f)
τροφή (θηλ.), **φαγητό** (ουδ.)	[trofí], [faʝitó]	nourriture (f)
τσάι (ουδ.)	[tsáj]	thé (m)
τσίχλα (θηλ.)	[tsíxlʲa]	gomme (f) à mâcher
τυρί (ουδ.)	[tirí]	fromage (m)
τόνος (αρ.)	[tónos]	thon (m)
υδατάνθρακες (αρ.πλ.)	[iðatánθrakes]	glucides (m pl)
φέτα (θηλ.)	[féta]	tranche (f)
φακή (θηλ.)	[fakí]	lentille (f)
φλιτζάνι (ουδ.)	[flidzáni]	tasse (f)
φλούδα (θηλ.)	[flʲúða]	peau (f)

φουντούκι (ουδ.)	[fundúki]	noisette (f)
φράουλα (θηλ.)	[fráulʲa]	fraise (f)
φρέσκος χυμός (αρ.)	[fréskos ximós]	jus (m) pressé
φρούτο (ουδ.)	[frúto]	fruit (m)
φυστίκι (ουδ.)	[fistíki]	cacahuète (f)
φυστίκια (ουδ.πλ.)	[fistíkia]	pistaches (f pl)
φυτικό λάδι (ουδ.)	[fitikó lʲáði]	huile (f) végétale
φύλλο δάφνης (ουδ.)	[fílʲo ðáfnis]	feuille (f) de laurier
χάμπουργκερ (ουδ.)	[xámburger]	hamburger (m)
χέλι (ουδ.)	[xéli]	anguille (f)
χήνα (θηλ.)	[xína]	oie (f)
χαβιάρι (ουδ.)	[xaviári]	caviar (m)
χαμοκέρασο (ουδ.)	[kxamokéraso]	fraise (f) des bois
χοιρινό κρέας (ουδ.)	[xirinó kréas]	du porc
χορτοφάγος	[xortofáɣos]	végétarien (adj)
χορτοφάγος (αρ.)	[xortofáɣos]	végétarien (m)
χουρμάς (αρ.)	[xurmás]	datte (f)
χρένο (ουδ.)	[xréno]	raifort (m)
χυμός ντομάτας (αρ.)	[ximós domátas]	jus (m) de tomate
χυμός πορτοκαλιού (αρ.)	[ximós portokaliú]	jus (m) d'orange
χυμός (αρ.)	[ximós]	jus (m)
χωρίς αλκοόλ	[xorís alʲkoólʲ]	sans alcool
χωρίς ανθρακικό	[xorís anθrakikó]	plate (adj)
χόρτα (ουδ.)	[xórta]	verdure (f)
ψάρι (ουδ.)	[psári]	poisson (m)
ψίχουλο (ουδ.)	[psíxulʲo]	miette (f)
ψωμί (ουδ.)	[psomí]	pain (m)
όρεξη (θηλ.)	[óreksi]	appétit (m)